Stéphane Saussier
Anne Yvrande-Billon

# Économie des coûts de transaction



La Découverte
9 *bis*, rue Abel-Hovelacque
75013 Paris

**S**i vous désirez être tenu régulièrement informé des parutions de la collection « Repères », il vous suffit de vous abonner gratuitement à notre lettre d'information mensuelle par courriel, à partir de notre site **http://www.collectionreperes.com**, où vous retrouverez l'ensemble de notre catalogue.

ISBN : 978-2-7071-4008-1

# Introduction

Pourquoi certains accords contractuels sont-ils plus conflictuels que d'autres ? La franchise commerciale est-elle un mode de distribution optimal ? Pourquoi certaines entreprises produisent-elles en interne une grande partie de leurs composants alors que d'autres font appel à des sous-traitants ? Quels facteurs institutionnels influencent les choix de délocalisation ? Les partenariats public-privé sont-ils un moyen efficace d'organiser la production de services publics ?

Une réponse simple à ces questions réside dans la technologie : selon les choix technologiques retenus par les agents économiques, une forme organisationnelle s'impose. Un des apports essentiels de l'économie des coûts de transaction est justement de rompre avec cette idée. Cette approche postule en effet que les choix organisationnels et contractuels sont rarement dictés par la technologie ou la recherche de pouvoir de marché. Ils sont plutôt le fruit d'une recherche d'économie des coûts de transaction. Ainsi, en reconnaissant que les échanges sur un marché ou dans la firme engendrent des coûts, appelés coûts de transaction, influençant aussi bien à court terme qu'à long terme les choix organisationnels, contractuels et stratégiques des acteurs économiques, la théorie a apporté, et apporte toujours, une contribution majeure aux développements de l'économie des organisations [Ménard, 2004b]*, de l'économie industrielle [Kreps, 1996] et de l'économie politique moderne [Dixit, 1998]. En sortant du déterminisme technologique, la

* Les références entre crochets renvoient à la bibliographie en fin d'ouvrage.

théorie suggère que des pratiques qui semblent anticoncurrentielles (intégration verticale, choix contractuels déséquilibrés) sont en réalité légitimées par une recherche d'efficacité, c'est-à-dire par une volonté d'économiser les coûts de transaction. En spécifiant ce que sont les coûts de transaction et en précisant que les caractéristiques des transactions sont à la source de ces coûts, la théorie des coûts de transaction est devenue un cadre de référence pour étudier les modes de coordination de l'activité économique.

Cette vision prend sa source dans le positionnement méthodologique de la théorie. En se fondant sur des hypothèses réalistes, en analysant notamment les contrats comme des instruments de coordination incomplets, la théorie permet une analyse des problèmes de coordination *ex post* liés à l'incomplétude des contrats.

Cet ouvrage présente les bases de cette théorie ainsi que les principales propositions qu'elle avance sur des questions aussi diverses que l'intégration verticale, les choix contractuels ou l'organisation des services publics. Son originalité est de présenter les différents champs d'application de l'économie des coûts de transaction. L'accent est mis sur les tests empiriques qui existent et corroborent bien souvent la théorie.

L'ouvrage est organisé de la manière suivante : dans un premier temps, nous rappellerons l'origine et les bases de l'approche en termes de coûts de transaction (première partie). Puis nous présenterons les principales propositions qui sont avancées par la théorie et les tests auxquels elles ont donné lieu (deuxième partie). Enfin, nous reviendrons sur les extensions nécessaires et les limites de la théorie des coûts de transaction (troisième partie).

PREMIÈRE PARTIE

# La théorie des coûts de transaction : genèse et concepts de base

Bâtie à partir de la notion de coûts de transaction avancée par Ronald H. Coase en 1937, la théorie des coûts de transaction, telle qu'elle est développée par Williamson [1975, 1985, 1996], repose sur un ensemble d'hypothèses « réalistes » mais suffisamment simplificatrices pour permettre une analyse théorique rigoureuse des choix organisationnels des firmes. Cette analyse débouche sur l'identification de plusieurs structures de gouvernance qui sont des modes alternatifs d'organisation des transactions caractérisés par des propriétés et des mécanismes de coordination différents. L'efficacité des choix organisationnels des firmes dépend alors de l'adaptation des structures aux caractéristiques des transactions qu'elles doivent encadrer.

L'objectif de cette partie est de présenter aux lecteurs les hypothèses et concepts de base de la théorie des coûts de transaction.

# I / Le concept de coûts de transaction

L'article de 1937 de Ronald H. Coase, « prix Nobel » d'économie en 1991, propose une analyse de la nature de la firme [Coase, 1937]. En introduisant la notion de coûts de transaction, il oblige les économistes à s'intéresser aux modes de coordination alternatifs au marché. Le « théorème » de Coase, qui suivra bien plus tard [Coase, 1960], finira d'opérer cette révolution, en affirmant que, sans coûts de transaction, l'analyse des choix organisationnels et contractuels n'a pas lieu d'être. La notion de coûts de transaction apparaît donc comme fondamentale et à la base des choix organisationnels des agents économiques.

## L'article pionnier de Ronald H. Coase

Dans un contexte caractérisé par la multiplication du nombre de grandes firmes dans l'économie américaine et par les problèmes de gouvernement d'entreprise que cela peut poser [Berle et Means, 1932], l'article écrit en 1937 par Coase se donne pour principaux objectifs de définir ce qu'est une firme et de déterminer les raisons de son existence ainsi que ses limites. En réalité, Coase fait bien plus que cela. Son article pose véritablement les bases d'une théorie de la firme. Il faudra toutefois attendre le début des années 1970 pour qu'une telle théorie voie le jour sous le nom de théorie des coûts de transaction.

### *Pourquoi existe-t-il des firmes ?*

Coase part d'une constatation empirique : le système des prix, dont l'analyse est au cœur de la théorie microéconomique traditionnelle, n'est qu'un des mécanismes de coordination rencontré dans la réalité, et il est même plutôt l'exception que la règle. Coase propose alors de s'interroger sur les raisons de l'existence de l'arrangement institutionnel alternatif au marché qu'est la firme.

Sa réponse tient en deux étapes. Si le marché n'est pas l'unique moyen de coordonner l'activité économique, c'est qu'il existe des coûts à recourir au système de prix, des *coûts de transaction*. En effet, si ce mode de coordination n'était pas coûteux, comme le suppose la théorie microéconomique lorsqu'elle analyse des marchés de concurrence pure et parfaite, aucune alternative « crédible » ne pourrait exister. Les coûts de transaction sur le marché s'expliquent alors par l'absence d'un commissaire-priseur collectant l'information et déterminant le vecteur de prix d'équilibre bénévolement. Ils correspondent aux coûts de découverte du prix, c'est-à-dire aux coûts de négociation des contrats, de recherche d'un partenaire, de contractualisation à répétition dès lors que les contrats sont des arrangements de court terme répétés.

Supposer, comme le fait Coase, que les coûts de transaction sur le marché sont positifs fournit alors une explication théorique de l'existence d'un mode de coordination alternatif et oblige les économistes à se poser de nouvelles questions, qu'ils n'entrevoyaient pas sous l'hypothèse de coûts de transaction nuls.

Coase remarque ensuite que le mode de coordination au sein de la firme se distingue de celui qui prévaut sur le marché. Il n'est pas fondé sur l'évolution des prix relatifs mais plutôt sur l'autorité : « Dans le monde réel, si un ouvrier passe du département Y au département X, il ne le fait pas en raison d'un changement des prix relatifs, mais parce qu'on lui a ordonné de le faire » [Coase, 1937, p. 387]. Aux relations de marché où la coordination se fait par les prix, Coase oppose les relations internes à la firme dans laquelle la coordination se fait par un entrepreneur coordinateur, ayant autorité de décision au cours de la réalisation du contrat de travail.

Cette différence de mode de coordination entre la firme et le marché explique l'avantage potentiel de la firme dans certaines situations qui restent à déterminer. En effet, l'on ne signe pas le même type de contrat dans la firme que sur le marché, ce qui explique que le mode de coordination soit différencié. La coordination ne s'effectue pas par la signature de contrats commerciaux mais par la signature de contrats de travail, généralement de long terme (ce qui évite les coûts de renégociations répétées) et très incomplets (ce qui limite les coûts de rédaction des contrats). De ce fait, l'entrepreneur n'a pas besoin de spécifier à l'avance les actions de l'employé. Il peut attendre de voir et décider *ex post* une fois les incertitudes levées. Ce type de contrat et de mode de coordination est donc particulièrement utile quand l'entrepreneur évolue dans un contexte de fortes incertitudes. Néanmoins, il ne permet pas une flexibilité totale. Comme le note Coase, l'employeur choisit parmi un « ensemble des possibles » ce que l'employé doit faire, en accord avec la réglementation du travail qui délimite le pouvoir de l'employeur sur ses employés.

### *Les frontières de la firme*

Afin de proposer une véritable théorie de la firme, il reste à comparer les faiblesses de cet arrangement organisationnel avec celles du marché de manière à comprendre pourquoi les deux modes de coordination subsistent. En effet, si la firme a tant d'avantages, on peut se demander pourquoi il n'existe pas une seule et même grande firme pour toutes les transactions d'une société. Autrement dit, quelle est la limite à l'intégration ?

Afin de répondre à cette question, Coase avance l'idée qu'organiser une transaction en interne, c'est-à-dire dans la firme, entraîne aussi des coûts de coordination propres à celle-ci, notamment parce les rendements de l'activité de management sont décroissants. Les connaissances nécessaires pour coordonner les transactions en interne deviennent de plus en plus importantes à mesure que le nombre de transactions organisées au sein de la firme augmente. Par conséquent, la firme intègre des activités jusqu'à ce que la dernière activité coûte, en termes de coûts de coordination, aussi cher à produire en interne qu'en externe. Coase applique donc un raisonnement marginaliste et introduit la notion de rationalité limitée (ou plus exactement de limites cognitives) des entrepreneurs dans son analyse : à mesure que le nombre de transactions organisées en interne augmente, il est de plus en plus difficile pour l'entrepreneur de coordonner l'activité de production.

Coase définit donc la firme comme le lieu où l'on substitue à une relation coordonnée par le mécanisme de prix une relation où la coordination se fait par l'autorité. Là où il y a autorité, il y a donc firme : « Quand l'allocation des ressources (dans les limites du contrat) devient dépendante de l'acheteur, cette relation que je qualifie de "firme" peut être obtenue. Une firme est plus probablement présente dans les situations où un contrat de très court terme serait insatisfaisant » [Coase, 1937, p. 392]. Cette définition de la firme ne se réduit pas au type de contrat signé entre les acteurs économiques, mais à l'existence ou non d'un lien d'autorité entre les deux parties : « Le concept juridique d'"employeur et d'employé" et le concept économique de firme ne sont pas identiques car la firme peut impliquer un contrôle sur la propriété d'une autre personne comme sur sa force de travail. Néanmoins, les concepts sont suffisamment proches pour qu'une analyse du concept juridique soit intéressante pour la compréhension du concept économique » [Coase, 1937, p. 403, note 3].

### *Les limites de l'analyse de Coase*

L'approche de Coase n'a pas été reprise avant le début des années 1970. Il faut en effet attendre le développement de la théorie des coûts de transaction, principalement sous l'impulsion d'Oliver E. Williamson, pour voir réapparaître les arguments de Coase. La raison invoquée est souvent le manque d'opérationnalité de son approche. Williamson note ainsi, concernant l'article de 1937 sur la nature de la firme, que « les coûts de transaction sont de manière appropriée mis au centre de l'analyse, mais ils ne sont pas opérationnalisés d'une façon permettant de mesurer l'efficacité qu'il y a à organiser les transactions sur les marchés ou dans les firmes » [Williamson, 1975, p. 3]. Comme le notent Masten, Meehan et Snyder [1991], l'approche coasienne serait presque tautologique, se résumant à un arbitrage entre deux formes organisationnelles sans identification des sources des coûts de transaction.

En réalité, l'approche de Coase est beaucoup plus complète que cela. Les sources des coûts de transaction sont identifiées ; ce sont la rationalité limitée des agents et l'incertitude. Néanmoins, il est vrai que l'arbitrage reste flou et que la définition donnée de la firme (l'existence d'une relation d'autorité) n'est pas totalement satisfaisante en ce sens que, sur le marché, peuvent exister des relations contractuelles entre deux entités indépendantes caractérisées par une relation d'autorité (c'est le cas notamment lorsque certaines dimensions du contrat sont complétées *ex post*, de manière autoritaire, par l'une ou l'autre partie).

Il n'en reste pas moins que Coase, bien avant les développements en termes de contrats incomplets [Williamson, 1971 ; Grossman et Hart, 1986], pointe du doigt les avantages de l'incomplétude des contrats et le rôle de l'autorité.

Plus encore, dans son article de 1960, il étend son analyse, en précisant que, dans un monde où les coûts de transaction sont nuls, l'allocation des droits de propriété se fait automatiquement de manière optimale, par le jeu des échanges et des marchandages auxquels les agents procèdent, et ceci quelle que soit la répartition initiale de ces droits de propriété [Coase, 1960]. En d'autres termes, sans coûts de transaction, la question de la répartition des droits de propriété et plus particulièrement des choix organisationnels n'a pas lieu d'être. Aussi, dès lors que l'on tente d'analyser ces questions, les coûts de transaction doivent obligatoirement être mis au centre de l'analyse.

### *Coase et la théorie des coûts de transaction : une vision critique*

Force est de constater que si la théorie de la firme a connu des développements importants ces trente dernières années, les questions posées par Coase dans son article sur la nature de la firme restent d'actualité. Ces développements ont donné naissance à plusieurs théories de la firme qui, sur certains points, se veulent complémentaires, mais sont, sur l'essentiel, en concurrence. Sans chercher à faire le bilan des théories actuelles de la firme (voir pour cela Gibbons [2005] ; Garrouste et Saussier [2005]), nous aimerions insister ici sur le fait que la théorie des coûts de transaction est en quelque sorte l'extension « naturelle » de l'approche coasienne.

En effet, la théorie des coûts de transaction reprend les ingrédients essentiels de Coase, à savoir rationalité limitée des acteurs économiques et incertitude de l'environnement. Néanmoins, elle y ajoute l'hypothèse d'opportunisme des agents et met au centre de l'analyse et de ses prédictions théoriques la notion d'actifs spécifiques. Ceci conduit à une définition de la firme différente de celle proposée par Coase. La firme est en effet analysée comme un mode organisationnel différent du marché en raison de la relation hiérarchique et des coûts bureaucratiques qui la caractérisent. Plus précisément, la firme est conçue comme un mode de coordination où les incitations sont faibles, les contrôles administratifs forts, et les conflits réglés en interne. Cette approche est très critiquée par Coase qui lui reproche de donner une place trop grande aux risques de comportements opportunistes dans les relations de marché pour expliquer l'émergence des firmes. Coase défend au contraire l'idée que les effets de réputation peuvent limiter ces risques sans qu'il soit nécessaire de recourir à la firme [Coase, 1988, 2000].

Il n'en demeure pas moins que l'approche en termes de coûts de transaction proposée par Williamson offre un cadre analytique plus précis que celui de Coase et avance des propositions largement vérifiées dans la littérature empirique [Masten, 2000 ; Macher et Richman, 2006], sur des questions plus larges que l'existence des firmes, comme celles des choix contractuels [Masten et Saussier, 2000] ou des formes hybrides [Ménard, 2004a].

## Oliver Williamson et la théorie des coûts de transaction

Le cadre théorique proposé par Oliver E. Williamson au début des années 1970 est plus qu'une théorie de la firme. C'est une théorie des contrats incomplets. La firme y est analysée comme la solution organisationnelle qui émerge dès lors que les difficultés contractuelles sont trop importantes pour passer par le marché. On retrouve donc là la logique proposée par Coase. L'incomplétude des contrats et les coûts de transaction qui sont associés aux choix organisationnels s'expliquent par les hypothèses retenues par ce cadre théorique.

*Les hypothèses de la théorie des coûts de transaction*

**Rationalité limitée, incertitude et incomplétude contractuelle.** — Dans le cadre de la théorie des coûts de transaction, les agents sont supposés être « intentionnellement rationnels, mais seulement de façon limitée » [Simon, 1961, p. xxiv]. À la rationalité substantielle est substitué le concept de rationalité limitée emprunté à Simon. La rationalité limitée implique des limites neurophysiologiques d'un côté, des limites de langage de l'autre. Les premières prennent la forme de capacités de stockage et de traitement de l'information restreintes. Les limites concernant le langage se traduisent quant à elles par l'incapacité des agents à articuler leurs connaissances et leurs impressions au travers de signaux qui leur permettraient d'être compris de tous. La théorie des coûts de transaction rend compte de la rationalité limitée des agents en posant qu'ils ont des capacités de calcul et de communication limitées, qui ne leur permettent pas de mettre au point la réponse optimale de l'agent de la théorie standard dans toutes les situations.

Cependant, l'agent ne se heurte aux limites de sa rationalité que lorsqu'il est confronté à un environnement incertain et/ou complexe, l'empêchant d'atteindre l'optimum. Si l'être humain possède une rationalité limitée, c'est à cause de son incapacité à résoudre tous les calculs. Si sa rationalité limitée apparaît au grand jour, c'est parce que l'environnement lui rend la tâche impossible. La rationalité limitée telle qu'elle est interprétée par Williamson suppose donc malgré tout que les choix des agents sont le résultat d'un calcul. Ce calcul les conduit à la solution optimale si les bornes de leur rationalité limitée ne sont pas atteintes [Williamson, 1975, p. 22].

Pourtant, dès 1955, Simon avance que les capacités de l'homme à recueillir et à traiter de l'information restent en deçà du modèle optimisateur le plus simple [Simon, 1955, p. 243-246]. Cela signifie que, quel que soit le degré d'incertitude, les bornes de la rationalité sont atteintes et qu'il n'y a pas de recherche d'optimalité. Le comportement qui consiste à rechercher une solution « satisfaisante » et non la solution optimale ne provient pas simplement de l'imperfection de l'information mais relève aussi de la difficulté à effectuer les calculs nécessaires à la mise au point de la solution optimale, même en situation d'information parfaite.

Il apparaît donc que Williamson ne retient qu'une version faible de la rationalité limitée telle qu'elle est définie par Simon, version qui laisse la possibilité aux agents d'effectuer des calculs.

L'hypothèse de rationalité limitée retenue par Williamson a une première conséquence pour l'analyse économique des transactions et des formes contractuelles réalisables. Elle implique que, pour des transactions complexes, la conception de contrats complets n'est plus une solution possible. Devant son impossibilité à anticiper toutes les situations futures possibles et à mettre au point les décisions optimales, l'agent économique doit se contenter d'accords incomplets.

À ce niveau de l'analyse, bien que la contractualisation complète ne soit plus une solution envisageable, c'est-à-dire bien que toutes les situations futures possibles demandant une adaptation du contrat ne soient pas prises en compte, l'hypothèse de rationalité limitée ne pose pas de problèmes contractuels insurmontables, justifiant l'intégration d'une activité au sein de la firme, si l'on considère que les individus cherchent à promouvoir leur intérêt commun. Sous cette hypothèse, les blancs laissés par le contrat incomplet de départ ne seraient pas exploités par l'une ou l'autre des parties contractantes lors d'une éventuelle renégociation. En cas de survenance d'un événement non prévu par le contrat, il suffirait de s'en remettre à la bonne foi des contractants. On peut aussi supposer que les tribunaux chargés de faire respecter les contrats sont parfaitement efficaces, que leur intervention est non coûteuse et qu'ils peuvent compléter les vides contractuels. Ces hypothèses ne sont pas celles retenues par la théorie des coûts de transaction qui suppose, d'une part, que si les contractants ont une rationalité limitée, il en va de même pour les tiers au contrat, notamment les juges. D'autre part, la théorie des coûts de transaction considère comme irréaliste l'hypothèse de contractants de bonne foi, se comportant comme des « gentlemen », et lui préfère l'hypothèse d'opportunisme.

**L'opportunisme en situation de petit nombre.** — Les agents sont supposés pouvoir se comporter de manière opportuniste. Cette hypothèse étend l'hypothèse conventionnelle selon laquelle les agents économiques sont guidés par des comportements égoïstes, pour laisser une place à des comportements stratégiques. L'opportunisme implique intérêt personnel et ruse. Il s'agit d'une notion plus large que celles de sélection adverse ou d'aléa moral : « Ce ne sont pas seulement les manquements à révéler les vraies caractéristiques *ex ante* (sélection adverse) et les vraies caractéristiques *ex post* (aléa moral) qui sont résumés dans l'opportunisme, mais les manquements à dire la vérité et seulement la vérité » [Williamson 1993b, p. 101]. Dès lors, utiliser le contrat pour essayer d'induire un comportement coopératif d'un acteur non coopératif est peine perdue [Masten 1988a ; Baker, Gibbons et Murphy, 2004]. Chaque clause ou contingence stipulée crée une autre source de désaccord, ouverte à des interprétations variées et sujette à manipulation devant le tribunal. Le comportement qui consiste à chercher à accaparer la rente altère les termes mêmes du contrat.

L'hypothèse d'opportunisme des agents peut paraître irréaliste. Beaucoup de critiques adressées à la théorie des coûts de transaction portent sur ce point précis (voir notamment Ghoshal et Moran [1996]). Cependant, cette hypothèse n'est pas avancée avec l'idée que tous les agents sont et seront à la première occasion opportunistes. Elle est seulement retenue pour focaliser l'attention sur le fait que les contrats ne sont pas mis au point sans prendre en compte le fait que les agents peuvent agir de la sorte. En d'autres termes, les agents sont limités dans leur rationalité, mais pas suffisamment pour ne pas savoir qu'ils peuvent être victimes de comportements opportunistes.

Comme dans le cas de l'hypothèse de rationalité limitée, l'hypothèse d'opportunisme, pour être active, doit être couplée avec une hypothèse concernant l'environnement concurrentiel auquel font face les agents. Ainsi, tant qu'une condition de petit nombre ne prévaut pas, c'est-à-dire tant que le nombre de contractants potentiels n'est pas limité, l'hypothèse d'opportunisme des agents ne remet pas en cause les capacités du marché à encadrer les transactions. En effet, sans cette condition, la rivalité entre les agents rend les inclinaisons opportunistes inefficaces car un agent qui adopterait de tels comportements stratégiques serait sanctionné par le marché, ses partenaires ayant la possibilité de l'éviter en échangeant avec ses rivaux. Typiquement, une situation de petit nombre existe quand des actifs spécifiques durables, c'est-à-dire non redéployables sans coût sur le marché, sont nécessaires pour la réalisation d'une transaction (voir encadré p. 23).

L'hypothèse selon laquelle les agents sont par nature opportunistes a des conséquences importantes sur l'ensemble des contrats réalisables. Dès lors que l'on considère que les agents ne cherchent pas à se conformer à la règle telle qu'elle a été établie mais plutôt à utiliser tous les moyens à leur disposition pour en tirer parti, de nombreuses formes de contrats deviennent inconcevables. Ainsi, la solution consistant à avancer une clause générale spécifiant que le contrat sera renégocié de bonne foi par les parties contractantes ne constitue plus une solution viable pour faire face au problème posé par l'incomplétude des contrats. Les agents ne peuvent plus se reposer sur de simples promesses. En présence d'opportunisme, les contrats doivent reposer sur des engagements crédibles, incitant les parties à respecter les termes du contrat. Nous reviendrons par la suite sur les moyens d'accroître la crédibilité des engagements. Pour le moment, nous pouvons déjà déduire de l'hypothèse d'opportunisme des agents une seconde conséquence pour l'organisation économique des transactions : les contrats doivent être des engagements crédibles qui prennent en compte les problèmes pouvant survenir après la signature du contrat.

Les hypothèses de la théorie des coûts de transaction peuvent être résumées de la façon suivante. Les agents sont supposés avoir une rationalité limitée. Cette hypothèse est-elle à l'origine de difficultés contractuelles rencontrées par l'agent ? Non, tant que le niveau d'incertitude qui entoure la transaction n'est pas suffisant pour que les bornes de la rationalité des parties contractantes soient atteintes.

Les hypothèses de rationalité limitée des acteurs et d'incertitude sont-elles suffisantes pour créer d'importants problèmes contractuels ? La réponse reste encore négative. Tant que les agents ne sont pas supposés avoir des comportements opportunistes, ils peuvent se reposer sur des promesses dans les contrats.

Les hypothèses de rationalité limitée, d'opportunisme des contractants et d'incertitude forte entourant la réalisation d'une transaction sont-elles suffisantes pour poser d'importants problèmes contractuels ? Non, tant que les parties contractantes ne sont pas dans une relation de petit nombre, c'est-à-dire tant que des actifs spécifiques à la transaction ne sont pas nécessaires à sa réalisation.

Mais, une fois que ces ingrédients sont réunis et que les contractants éprouvent de réelles difficultés à rédiger des contrats, quel est le principe qui les guide ? La rationalité limitée des acteurs implique-t-elle que les principes qui guident les choix contractuels des agents ne puissent faire l'objet d'une véritable analyse économique ? La réponse de Williamson à cette question est clairement négative. Les agents ont certes une rationalité limitée mais ils ne sont pas considérés comme naïfs pour autant. Ils sont capables d'anticiper et de faire preuve d'apprentissage face aux problèmes contractuels qu'ils rencontrent. Cette capacité se traduit par une « contractualisation incomplète mais prévoyante » [Williamson, 1996, p. 9]. En d'autres termes, les arrangements contractuels sont mis en place en toute conscience de la part des agents, tout à fait informés des problèmes liés à l'opportunisme et au développement d'actifs spécifiques. Cette hypothèse permet à Williamson d'avancer que les choix contractuels des agents peuvent s'expliquer en grande partie comme le résultat d'une recherche d'économie des coûts de transaction — du moins en ce qui concerne les choix contractuels observés dans des environnements concurrentiels ayant sélectionné les agents efficaces. Cette recherche d'économie se résume par l'organisation des transactions de façon à économiser sur la rationalité limitée des agents tout en sauvegardant les transactions de l'opportunisme de ces mêmes agents. Ceux-ci vont donc choisir la forme organisationnelle la plus à même d'économiser sur les coûts de production et les coûts de transaction, à la fois les coûts de transaction *ex ante*, mais aussi les coûts de transaction *ex post*.

### *Le coût des contrats*

Si l'importance de la notion de coûts de transaction fait la quasi-unanimité, les définitions de ce que sont ces coûts sont nombreuses et ne sont pas toujours compatibles. Du coût à utiliser le système de prix [Coase, 1937] au coût des frictions du système économique [Arrow, 1969], « le concept est à la recherche d'une définition » [Williamson, 1979].

Définis d'abord par Coase comme les coûts de recours au marché, c'est-à-dire au mécanisme de détermination du prix [Coase, 1937], les coûts de transaction renvoient, chez Williamson, aux « coûts de fonctionnement du système économique » [Williamson, 1985, p. 18], c'est-à-dire aux coûts de planification, d'adaptation et de contrôle des échanges commerciaux. Comme la théorie des coûts de transaction, telle qu'elle est développée par cet auteur, adopte une vision contractuelle de l'économie et pose donc le problème de l'organisation économique comme un problème de contractualisation, les coûts de transaction correspondent en fait aux coûts de contractualisation des échanges et se décomposent en coûts *ex ante* et coûts *ex post*. Les coûts de transaction *ex ante* sont les coûts associés à la recherche d'un partenaire, à la rédaction, la négociation et la garantie d'un accord, tandis que les coûts de contractualisation *ex post* comprennent les coûts induits par une mauvaise adaptation des contrats aux circonstances dans lesquelles ils évoluent, les coûts de renégociation et de contrôle du respect des arrangements contractuels et éventuellement les coûts de rupture des accords.

Tableau 1. **Exemples de coûts de transaction**

| **Coûts de contractualisation** | |
|---|---|
| ***Ex ante*** | ***Ex post*** |
| Coûts d'écriture du contrat | Coûts de mauvaise adaptation des contrats |
| Coûts de recherche du partenaire | Coûts de pilotage et de suivi des arrangements |
| Coûts de négociation de l'accord | Coûts de renégociation |
| Coûts de mise au point de garanties contractuelles | Coûts (potentiels) de rupture des engagements |
| Coûts d'étude (études de marché) | |

*Les caractéristiques des transactions*

Le problème qui se pose aux contractants est de mettre en place la forme contractuelle minimisant les coûts de transaction qui, dans une vision contractuelle des échanges, se résument comme nous venons de le voir, aux coûts de contractualisation *ex ante* et *ex post*. Or, dès lors que l'on avance que les arrangements contractuels observables sont le résultat d'une recherche d'économie des coûts de transaction, il est nécessaire d'en indiquer la ou les sources si l'on veut opérationnaliser le concept. Comme nous l'avons noté, il s'agit là d'une des principales raisons pour lesquelles l'article fondateur de Coase [1937] est resté longtemps très peu cité mais aussi très peu utilisé [Coase, 1988, p. 33 et 36]. Williamson situe la source des coûts de transaction dans la transaction elle-même. La transaction y est mise au centre de l'analyse. Le niveau des coûts de transaction est le reflet des caractéristiques des transactions. Celles-ci sont au nombre de trois : la spécificité des actifs, le niveau d'incertitude et la fréquence.

**La spécificité des actifs.** — Les transactions diffèrent sur un point essentiel : la nature des investissements que les parties prenantes à une transaction doivent réaliser et plus particulièrement leur degré de spécificité. La spécificité des actifs est l'« ingrédient » principal de la théorie des coûts de transaction. Néanmoins, il est évident qu'il existe d'autres sources aux problèmes de contractualisation que peuvent rencontrer les agents. Mais l'analyse de Williamson se focalise de manière volontaire sur la spécificité des actifs qui est, selon lui, plus importante que les autres sources de difficultés contractuelles, ou encore liée aux autres sources, ou enfin suffisante si l'on raisonne à environnement institutionnel donné.

Des investissements spécifiques correspondent à des investissements durables, effectués pour réaliser la transaction, et qui ne sont pas redéployables sans coût vers d'autres usages ou d'autres clients.

Des partenaires sont amenés à réaliser des investissements spécifiques car cela valorise leur relation. Le développement d'actifs spécifiques permet par exemple de réaliser des économies de coûts de production ou de différencier les produits [Riordan et Williamson, 1985]. Cependant, de tels investissements, parce qu'ils sont difficilement redéployables, enferment les parties dans une situation de dépendance bilatérale qui accroît les risques d'opportunisme et peut donc affecter le bon déroulement des transactions. Une fois qu'un investissement spécifique durable est effectué, acheteurs et vendeurs se retrouvent dans une situation de *lock-in* à cause des coûts qu'entraînerait la rupture de la relation. Aucune des deux parties n'a intérêt à ce que la relation soit interrompue car cela reviendrait à sacrifier la valeur économique induite par les investissements spécifiques. Mais chacune peut chercher à exploiter la dépendance de l'autre et à s'accaparer la quasi-rente générée par de tels investissements [Klein, Crawford et Alchian, 1978] (voir encadré p. 20). En somme, la présence d'actifs spécifiques, parce qu'elle crée une quasi-rente pouvant faire l'objet de convoitises et de

## Les différents types de spécificité

La spécificité des actifs peut prendre au moins six formes différentes. Le caractère non redéployable des investissements peut provenir :

— de leur *localisation* : on parle alors de spécificité de site. L'exemple typique est celui du fournisseur qui accepte d'implanter son usine à côté de celle de son client, comme c'est le cas par exemple des aciéries et des hauts fourneaux dans l'industrie sidérurgique. Ce faisant, il économise sur les coûts de transport et de stockage mais il limite dans le même temps les possibilités de redéployer son investissement vers d'autres clients ;

— de leurs *caractéristiques physiques* : on parle alors de spécificité physique. Le transport de certaines marchandises comme les produits chimiques par exemple nécessite de recourir à des wagons spécialement conçus à cet effet. Aussi observe-t-on que les fabricants de produits chimiques préfèrent souvent posséder de tels actifs plutôt que d'en négocier la location auprès de compagnies ferroviaires [Pittman, 1992] ;

— de la *taille du marché* : on parle alors d'actifs dédiés. De tels actifs sont développés lorsqu'un fournisseur accepte, pour répondre à la demande d'un client, d'investir dans des équipements à caractère général, qui pourraient intrinsèquement intéresser d'autres clients ou être facilement redéployés vers d'autres activités. Leur non-redéployabilité ne provient pas des caractéristiques physiques des actifs, mais de la taille du marché qui peut ne pas autoriser ce redéploiement au moment où le fournisseur développe ces actifs. Des actifs dédiés sont généralement d'autant plus développés pour la réalisation d'une transaction que celle-ci concerne des quantités importantes par rapport au marché global [Joskow, 1987] ;

— de *connaissances spécialisées* nécessaires à la transaction : on parle alors d'actifs spécifiques humains. Cette notion comprend les dépenses faites en formation par le fournisseur afin de répondre à la demande d'un client. Pour peu que la demande soit particulière, les connaissances développées par le fournisseur ne lui seront d'aucune utilité pour d'autres clients ou d'autres usages [Anderson et Schmittlein, 1984] ;

— de leur *identification à une marque* : on parle alors de spécificité de marque. On regroupe dans ce type d'actifs tout ce qui a trait à la marque, notamment les efforts effectués par les contractants pour améliorer leur réputation ;

— du *besoin de synchronisation de la production* : on parle alors de spécificité temporelle. Cette catégorie, développée dans leur étude des chantiers navals par Masten, Meehan et Snyder [1991], renvoie aux contraintes de logistique afférentes à l'enchaînement des opérations de construction des navires. Plus généralement, elle désigne tout besoin de coordination temporelle ou de réponse simultanée dans un processus de production. Ce type de spécificité, qui tient des inséparabilités technologiques, peut être analysé comme une spécificité de site dans laquelle le besoin de réponse en temps réel d'actifs humains est crucial [Pirrong, 1993].

### Spécificité des actifs, rente et quasi-rente

Un exemple numérique simple permet de comprendre ce qui distingue les concepts de rente et de quasi-rente.

On considère la relation entre un fournisseur et son client. Supposons que le coût variable de production du bien vendu par le fournisseur à son client soit de 3 par an. Pour produire ce bien, le fournisseur devrait réaliser par avance des investissements d'un montant de 40. Étant donné les opportunités alternatives d'investissement qui s'offrent au fournisseur, celui-ci attend un taux minimum de retour sur investissement de 5 %. Le coût d'opportunité *ex ante* de l'investissement est donc de 2 par an. La somme du coût variable total de production et du coût de l'investissement, qui est égale à 5, correspond au revenu minimum que le fournisseur acceptera pour s'engager dans une relation avec le client.

On définit la rente du fournisseur comme la différence entre le revenu qu'il perçoit effectivement et le niveau minimum de revenu qu'il doit recevoir pour s'engager dans la relation. En d'autres termes, la rente est le profit économique du fournisseur, c'est-à-dire la différence entre son profit comptable et le rendement annuel minimum de l'investissement qu'il réclame. Un fournisseur peut dégager une rente positive si le produit qu'il vend n'est disponible qu'en quantité limitée. Cependant, s'il existe de nombreux fournisseurs concurrents de ce bien, la rente du fournisseur devrait être nulle.

Supposons que c'est le cas et que le revenu annuel du fournisseur est de 5 (sa rente est donc nulle). Une fois les investissements réalisés, le fournisseur ne peut les redéployer facilement vers des usages autres que ceux prévus initialement — ces investissements sont donc spécifiques. Supposons par exemple que la meilleure utilisation alternative des investissements permette au fournisseur de gagner 0,5 par an. Dans ce cas, le revenu minimum que doit recevoir le fournisseur pour poursuivre sa relation avec le client initial est de 3,5 par an, ce qui correspond à la somme des coûts annuels de production (3) et du coût d'opportunité *ex post* (0,5). Pour comprendre ce résultat, supposons que le fournisseur perçoit un revenu de 3,25. Ses bénéfices sont alors de 0,25 (3,25 – 3), ce qui est inférieur aux bénéfices qu'il pourrait espérer en redéployant ses investissements vers leur meilleur usage alternatif. Sous ces conditions, le fournisseur mettra donc un terme à sa relation avec son client initial.

La quasi-rente du fournisseur est la différence entre : 1) le revenu que le fournisseur reçoit d'après les termes initiaux de l'accord et 2) le revenu qu'il devrait recevoir pour ne pas mettre un terme à la relation initiale une fois les investissements réalisés. Dans notre exemple, la quasi-rente du fournisseur est la différence entre son revenu (5) et le revenu qu'il doit recevoir pour poursuivre la relation initiale (3,5).

On comprend alors que plus les investissements réalisés par le fournisseur sont spécifiques, plus le coût d'opportunité *ex post* de ces investissements est faible et plus la quasi-rente est importante.

**Rentes et quasi-rentes**

| | |
|---|---|
| (1) Coûts variables | 3 |
| (2) Coûts d'opportunité *ex ante* de l'investissement | 2 |
| (3) Revenu minimum exigé par le fournisseur pour engager la relation avec le client = (1) + (2) | 5 |
| (4) Revenu effectif du fournisseur | 5 |
| (5) Rente du fournisseur = (4) – (3) | 0 |
| (6) Coûts d'opportunité *ex post* de l'investissement | 0,5 |
| (7) Revenu minimum exigé par le fournisseur pour poursuivre la relation avec le client = (1) + (6) | 3,5 |
| (8) Quasi-rente du fournisseur = (4) – (7) | 1,5 |

renégociations nuisibles, peut être à l'origine de graves difficultés contractuelles et donc d'importants coûts de transaction.

**L'incertitude.** — Se référant à Barnard [1938] et Hayek [1945], Williamson considère que l'un des enjeux fondamentaux de l'organisation économique concerne l'adaptation aux changements et la gestion de l'incertitude [Williamson, 1993a]. Compte tenu de leurs capacités cognitives limitées et de leur tendance à l'opportunisme, les agents ne peuvent anticiper toutes les circonstances futures et doivent par conséquent s'ajuster *ex post* à la survenance d'événements imprévus. Cette adaptation peut par exemple se traduire par la renégociation des termes des contrats qu'ils ont signés et est donc synonyme d'une augmentation des coûts de contractualisation.

De fait, un second facteur de coûts de transaction identifié par Williamson est l'incertitude sur les conditions qui prévaudront pendant l'exécution du contrat et le déroulement des transactions. Cette incertitude peut porter sur les états de la nature et donc sur les perturbations exogènes aux décisions des contractants. Elle correspond alors davantage à des « risques statistiques » [Williamson 1989, p. 60] et est qualifiée d'incertitude environnementale [Williamson, 1975, p. 24]. Elle peut aussi provenir de l'opportunisme des acteurs et de l'impossibilité d'anticiper les comportements stratégiques qui en résultent. De nature endogène, cette forme d'incertitude est dite comportementale ou stratégique [Williamson, 1985]. Certains auteurs parlent aussi d'incertitude interne et d'incertitude externe [Baudry, 1995].

Il est à noter que ces deux types d'incertitudes sont liés, le second favorisant l'apparition du premier [Klein, 1988]. En effet, si la transaction est très incertaine, sujette à des perturbations peu prévisibles, fréquentes et de forte ampleur, les contractants ne pourront pas déterminer *ex ante* de manière exhaustive la façon dont la transaction doit être réalisée. Cela ne pose pas de problème majeur si les parties ne sont pas dépendantes l'une de l'autre. Elles peuvent dans ce cas décider de réviser leur contrat fréquemment pour s'adapter aux perturbations qui touchent leur relation. Mais, si des actifs spécifiques sont nécessaires à la réalisation de la transaction, les parties contractantes ne peuvent plus être considérées comme indépendantes. Le contrat doit alors assurer ceux qui développent les actifs spécifiques contre les risques d'opportunisme et dans le même temps leur permettre d'adapter leur relation aux perturbations non anticipées qui l'affectent. Il s'agit de trouver un arrangement contractuel qui soit suffisamment flexible pour permettre l'adaptation *ex post* sans pour autant être trop lâche et encourager le développement de comportements opportunistes. Or, comme nous le verrons par la suite, bien souvent, lorsque les agents sont confrontés à un dilemme opposant flexibilité et gestion de l'opportunisme, le contrat interentreprises n'est plus apte à répondre à leurs besoins.

**La fréquence.** — La fréquence des transactions est la troisième caractéristique avancée par Williamson comme étant à la source des coûts de transaction. Selon lui, plus une transaction est répétée, plus les opportunités pour les contractants d'adopter un comportement opportuniste sont nombreuses. La fréquence à laquelle est effectuée une transaction est donc supposée avoir un effet positif sur le niveau des coûts de transaction.

Cependant, l'impact de cette caractéristique sur les coûts peut apparaître plus ambigu que ne le suppose Williamson. On peut en effet également considérer, comme le font Milgrom et Roberts [1992], Ménard [1995] ou encore Crocker et Masten [1996], que la répétition de transactions similaires engendre des effets de réputation et favorise la mise au point de routines et d'habitudes contractuelles qui réduisent le besoin de mécanismes de coordination formels et détaillés et influent donc négativement sur les coûts de transaction.

L'effet ambigu de la fréquence sur les coûts de transaction explique que cet attribut soit placé à un second plan, voire négligé par la théorie des coûts de transaction.

### *Le critère d'économie des coûts de transaction*

Comme nous l'avons vu, dans l'approche transactionnelle, les agents sont reliés par une interface contractuelle. Harmoniser cette interface pour permettre l'adaptabilité et promouvoir la continuité de la relation est source d'une réelle valeur économique. Aussi la théorie avance-t-elle que la recherche d'économie des coûts de transaction est ce qui motive les choix contractuels des agents.

### Le cas Fisher Body-General Motors

Le cas désormais célèbre des relations entre le constructeur automobile General Motors (GM) et l'un de ses fournisseurs, Fisher Body (FB), illustre les aléas contractuels auxquels peuvent se heurter des partenaires lorsque des investissements spécifiques sont en jeu et que l'environnement des transactions est incertain. Ce cas peut être résumé de la manière suivante.

Dans les années 1920, avec l'essor du marché automobile et l'évolution des technologies dans cette industrie (notamment le passage de la carrosserie en bois à la carrosserie métallique), GM, désireux de se différencier de ses concurrents, demanda à l'un de ses fournisseurs, FB, d'investir dans des moules spécifiques au design des voitures de GM. Afin d'inciter FB à réaliser de tels investissements, GM s'engagea, dans le contrat signé avec son fournisseur, à acheter pendant dix ans toutes les carrosseries produites par FB à un prix couvrant ses coûts variables et lui assurant une marge de 17,6 %. Ce contrat fut donc conçu de manière à protéger le contractant réalisant les investissements, FB, contre d'éventuels comportements opportunistes de la part de son client, GM. Mais il ne prévoyait pas que le fournisseur lui-même puisse être opportuniste... Or, une fois le contrat signé et les investissements réalisés, la demande d'automobiles augmenta dans des proportions imprévues. GM pressa alors FB d'implanter son usine de carrosseries à proximité de l'usine d'assemblage afin de réduire les coûts de transport. Il demanda aussi à son fournisseur de réaliser des investissements en capital de manière à exploiter les économies d'échelle rendues possibles par l'accroissement du volume de production. Mais FB refusa d'agir de la sorte, préférant rester à distance de son client et embaucher du personnel (plutôt que d'investir dans du capital) afin d'appliquer le taux de marge à des coûts variables (coûts de transport et coûts de la main-d'œuvre) importants. Comme le contrat n'obligeait pas FB à faire autrement, GM dut subir l'opportunisme de son fournisseur pendant toute la durée du contrat mais décida, au terme de l'arrangement, d'intégrer son fournisseur.

Partant d'un unique principe de sélection des contrats, comment expliquer alors l'existence d'une multiplicité de formes contractuelles ? La réponse apportée par la théorie des coûts de transaction est la suivante : « [...] Une telle variété s'explique principalement par des différences dans les attributs des transactions » [Williamson, 1985, p. 68]. Autrement dit, comme les coûts de transaction varient en fonction des caractéristiques des transactions, la diversité des transactions explique la variété des formes contractuelles. Appliquer le principe de sélection des contrats, à savoir le critère d'économie de coûts de transaction, suppose donc d'identifier les caractéristiques des transactions et leur influence sur les coûts, puis de choisir, parmi les différents modes contractuels envisageables, celui ayant la plus forte propension à minimiser les coûts.

Plus exactement, les agents doivent être ainsi amenés à choisir « le cadre contractuel explicite ou implicite dans lequel se situent les transactions » [Williamson, 1981, p. 1544]. Dans la mesure où les contrats sont incomplets, ils ne suffisent pas à résumer totalement la manière dont les agents se coordonnent et il n'est pas possible d'étudier les contrats passés par les agents économiques sans prendre en compte le cadre dans lequel ils prennent place et évoluent. « À l'alignement de la propriété et des incitations [...], l'économie des coûts de transaction ajoute la proposition selon laquelle le support institutionnel *ex post* des contrats importe » [Williamson, 1985, p. 29]. Autrement dit, pour comprendre les choix des agents, il convient d'analyser les structures de gouvernance, c'est-à-dire les arrangements institutionnels qui encadrent et viennent compléter les contrats, car ceux-ci comptent pour beaucoup dans l'efficacité des échanges.

## II / Les structures de gouvernance

Le chapitre I nous a permis d'exposer les hypothèses de base de la théorie des coûts de transaction ainsi que leurs conséquences sur la forme des contrats réalisables. Nous avons ainsi pu mettre en évidence que la théorie des coûts de transaction est une théorie des contrats incomplets où la principale préoccupation des contractants est d'éviter l'apparition de comportements opportunistes, tout en préservant la flexibilité de leur relation. L'importance des structures de gouvernance pour réaliser ce double objectif apparaît primordiale : puisque les contrats sont incomplets, ils doivent être complétés par d'autres mécanismes qui constituent, avec les contrats, la structure de gouvernance.

### Marchés, hiérarchies et formes hybrides

Beaucoup de lecteurs ont encore trop souvent en tête le choix binaire entre marchés et hiérarchies proposé par Williamson au commencement de sa réflexion [Williamson, 1975]. Tout un ensemble de relations contractuelles, n'étant ni des relations de marché ni des relations intrafirme, est pourtant, depuis un moment déjà, étudié par la théorie des coûts de transaction [Williamson, 1985]. L'analyse effectuée par Williamson des différentes structures de gouvernance a en effet évolué ces dernières années. Les allers-retours entre la théorie et les observations empiriques y sont pour beaucoup. Si, comme nous le verrons, les études empiriques engendrent en grande majorité des résultats en accord avec les propositions de la théorie, elles identifient aussi souvent des problèmes et des phénomènes organisationnels nouveaux que la théorie se doit alors d'intégrer.

Il nous paraît intéressant de rappeler succinctement l'évolution de la pensée de Williamson, car sa méconnaissance est à l'origine de beaucoup de critiques qui ne sont pas fondées.

### *Marchés et hiérarchies, deux formes polaires*

Dans le premier temps de son analyse, Williamson considérait que les seules structures de gouvernance candidates à encadrer des transactions étaient le marché et la hiérarchie (la firme intégrée). Les structures hybrides, c'est-à-dire les modes d'encadrement compris entre le marché et la hiérarchie, comme par exemple les contrats de long terme ou les contrats de franchise, n'étaient que très peu étudiées car considérées comme hautement instables et de ce fait temporaires [Williamson, 1971, 1975]. Cette conclusion reposait sur l'argumentation suivante : à partir du moment où une transaction nécessite des investissements spécifiques non négligeables, l'existence d'une quasi-rente appropriable incite les contractants à avoir une relation d'une durée égale à la durée de vie des actifs spécifiques développés. Seules trois possibilités se présentent alors à eux : un contrat de long terme, une série de contrats de court terme, ou l'intégration verticale. Or, du fait de l'impossibilité de rédiger des contrats complets, conclure un contrat de long terme ne peut être considéré comme une solution tenable. Une telle structure de gouvernance impliquerait en effet des risques d'opportunisme trop importants se traduisant par des coûts de renégociation élevés et une faible incitation à investir. De plus, dans le cas où la spécificité des actifs engagés est importante, les investissements ne peuvent être amortis que sur une longue période. Les transactions nécessitant de tels investissements ne peuvent donc pas non plus prendre appui sur une suite de contrats de court terme, car le problème de la renégociation qui se pose dans le contrat incomplet de long terme se poserait avec encore plus d'acuité. D'un côté, il était donc prohibitif, voire impossible, d'établir des contrats complets de long terme ; d'un autre côté, en signant des contrats incomplets, les intérêts divergents des contractants faisaient émerger des comportements opportunistes. L'avantage de l'intégration apparaissait alors évident à

Williamson puisqu'il percevait l'incomplétude des contrats de long terme comme un problème [Williamson, 1971].

Les formes d'organisation hybrides, entre le marché et la hiérarchie, étaient de ce fait considérées comme particulièrement instables, voire inadéquates, pour encadrer les transactions ne répondant pas aux standards du marché ou de la hiérarchie. Elles semblaient incapables de faire face à la fois aux besoins d'adaptation que demandent les transactions empreintes d'incertitude et au besoin de sécurité que nécessite le développement d'actifs spécifiques. Certes, l'incomplétude inhérente à toute relation de long terme permettait bien de répondre aux besoins d'adaptation nécessités par de telles transactions, mais le risque que les agents profitent de cette incomplétude *ex post* empêchait le développement d'un niveau optimal d'actifs spécifiques. Les transactions localisées entre les deux extrêmes du continuum devaient donc basculer vers un des modes d'organisation polaires, soit le marché et ses contrats de court terme, soit la firme et son contrat de travail.

### *La prise en compte des formes hybrides*

À partir de 1985, Williamson a toutefois sensiblement modifié son approche initiale de sorte que les formes intermédiaires, situées entre le marché et la hiérarchie, sont maintenant analysées comme des formes d'organisation des transactions à part entière (pour une revue de la littérature sur les formes hybrides, voir Ménard [2004a]). Depuis lors, il considère qu'il est possible de trouver des structures soutenues par des engagements crédibles en dehors des structures marchande et hiérarchique. Les transactions exposées à des risques d'opportunisme *ex post* peuvent être réalisées au travers d'arrangements contractuels de long terme si des garde-fous appropriés peuvent être déterminés *ex ante*, c'est-à-dire si des clauses de sauvegarde adéquates peuvent être mises en place. C'est parce qu'il se rend compte que cette condition peut être remplie que Williamson est amené à considérer les structures de gouvernance hybrides comme des modes d'organisation potentiellement efficaces et donc stables.

L'étude des engagements crédibles a longtemps été négligée. En droit comme en économie, on supposait que le système légal était efficace, sophistiqué et peu coûteux, donc apte à remplir ce rôle de garde-fou [Goldberg, 1976 ; Williamson, 1983]. Or cette hypothèse n'est pas réaliste et, comme nous l'avons vu, n'est pas retenue par la théorie. Tout comme la théorie suppose que les contractants ont une rationalité limitée, elle suppose aussi que les tierces parties censées faire respecter le contrat ont elles aussi une rationalité limitée. Dès lors, de nombreux contractants vont chercher à mettre en place leur propre système d'encadrement des contrats, illustrant ainsi le principe selon lequel « vous pouvez régler n'importe quel conflit pourvu que vous laissiez les juristes et les comptables en dehors » [Maccaulay, 1963, p. 61]. Dans beaucoup de cas, les parties contractantes peuvent même trouver des solutions plus satisfaisantes pour régler leurs différends que les tribunaux ne le feraient. Elles sont d'ailleurs d'autant plus incitées à mettre au point des arrangements privés que les tribunaux sont inefficaces. Or cette inefficacité varie selon les caractéristiques de la transaction que le contrat doit encadrer. Ainsi, plus les transactions nécessitent des investissements spécifiques, plus des problèmes contractuels risquent d'émerger, et plus il est vraisemblable que le tribunal ne détienne pas l'ensemble des informations nécessaires pour trancher les litiges le cas échéant. Il n'aura notamment pas cette information si certains termes du contrat sont observables par les parties mais invérifiables par un tiers.

Le contrat est donc ici perçu comme la partie formelle de la structure de gouvernance, celle qui peut être observée et vérifiée par le tribunal. Il a pour principal objectif de limiter les stratégies opportunistes d'appropriation de la quasi-rente. Ce que Williamson appelle l'ordonnancement privé des transactions (les arrangements contractuels entre les agents pour éviter d'avoir recours à la cour de justice) peut faire partie du contrat. Les clauses de *take-or-pay* ou les clauses de renégociation sont bien le résultat de la volonté des parties de structurer leur relation et de laisser le tribunal en dehors de leurs affaires. Elles peuvent être introduites de manière vérifiable dans le contrat de façon à ce qu'un tribunal ou une tierce personne puisse les mobiliser en cas de conflit. Mais une partie informelle de la relation peut aussi être mise en place par les agents, non vérifiable par le tribunal et donc généralement non incluse dans le contrat, afin de stabiliser la relation contractuelle (nous pensons notamment à la réputation des agents, à l'engagement à développer des actifs spécifiques de manière réciproque, à l'offre d'otages...). L'ensemble de ces dispositions pour stabiliser la relation et éviter les « frictions » constitue la structure de gouvernance. C'est la « matrice institutionnelle dans laquelle la transaction est décidée dans son intégralité » [Williamson, 1996, p. 378]. Toutefois, Williamson reconnaît que l'ordre privé opère invariablement « dans l'ombre de la loi » [Williamson, 1983], ce qui implique que le cadre légal dans lequel prend place la transaction n'est pas neutre (voir le chapitre v sur les institutions).

Il apparaît donc clairement que pour des transactions intermédiaires, où les contractants sont liés d'une manière significative mais pas totale, les agents peuvent mettre en place des structures de gouvernance stables faisant appel à la fois à l'ordonnancement public et à l'ordonnancement privé dans la conduite des transactions. En s'appuyant sur de telles structures, les agents peuvent se reposer en partie sur le tribunal ou une tierce partie (grâce à des clauses vérifiables incluses dans le contrat) mais aussi sur des modes d'adaptation et de résolution des conflits d'ordre privé. C'est cette prise en compte de l'existence de modes de pilotage des transactions mêlant ordonnancement public et ordonnancement privé qui amène Williamson à distinguer trois structures de gouvernance différentes : les marchés, les formes hybrides et les hiérarchies.

### Structures de gouvernance et contrats

Les ressources perdues pour négocier, écrire, faire respecter le contrat ou encore chercher à le faire renégocier sont autant de ressources à soustraire au gain potentiel que les parties peuvent retirer de la transaction. Si le gain engendré par la réalisation potentielle d'une transaction est inférieur aux coûts de transaction nécessaires à son existence, cette transaction n'aura pas lieu. Les choix du contrat et de la structure de gouvernance permettant de limiter ces coûts sont donc primordiaux.

Nous avons déjà vu que les structures de gouvernance distinctes auxquelles les agents peuvent avoir recours pour organiser leurs transactions sont au nombre de trois ; il s'agit du marché, des formes hybrides et de la hiérarchie. Nous avons également expliqué que les structures de gouvernance venaient s'ajouter aux contrats pour les compléter. L'objet de cette section est de préciser les propriétés de chaque structure de gouvernance et les caractéristiques des contrats qui leur sont associés.

## Variété et propriétés des formes hybrides

Les modes de gouvernance hybrides incluent des arrangements aussi variés que les contrats de sous-traitance [Eccles, 1981], les franchises commerciales [Lafontaine et Slade, 1999], les marques collectives [Ménard, 1996], les réseaux de firmes, qu'il s'agisse de réseaux d'approvisionnement ou de distribution [Anderson et Gatignon, 2005], les partenariats entre firmes et universités dans le secteur des biotechnologies [Powell, 1996] ou entre avocats créant des cabinets [Farrell et Scotchmer, 1988], les coopératives [Porter et Scully, 1987] ou encore les alliances d'entreprises comme celles développées par les compagnies aériennes [Holmström et Roberts, 1998].

Bien qu'apparemment hétérogènes, ces formes intermédiaires de pilotage des transactions possèdent des caractéristiques communes [Ménard, 2004a].

En premier lieu, toutes supposent la mise en commun de ressources par des partenaires qui demeurent néanmoins juridiquement distincts. Le recours à des arrangements hybrides s'accompagne en effet d'une perte d'autonomie sur certaines décisions d'investissement ou de planification, sans pour autant mener à l'intégration des parties.

La deuxième caractéristique commune à toutes les formes hybrides est le recours à la contractualisation. Pour assurer coordination et continuité de la relation sans passer par une structure hiérarchique qui nuirait aux incitations, les partenaires s'appuient sur des accords contractuels plus ou moins formels.

En outre, ces arrangements intermédiaires garantissent le maintien de pressions concurrentielles entre les participants. Les accords peuvent en effet être conçus de telle sorte que les participants soient mis en concurrence régulièrement, comme dans le cas des relations de sous-traitance. Ils peuvent aussi prévoir que les participants coopèrent sur certaines activités comme les projets de recherche et développement, mais soient rivaux sur d'autres.

Enfin, la dernière caractéristique fondamentale des formes hybrides est qu'elles reposent sur des mécanismes internes de coordination et de résolution des conflits qui leur sont propres. Les partenaires adoptent en effet des clauses contractuelles restrictives dans le but de faciliter la coordination entre amont et aval par exemple, comme dans le cas des restrictions verticales [Rey, 1997]. Ils choisissent en outre ensemble les intervenants qui auront autorité en cas de litige.

Une analyse comparative des relations contractuelles entre les constructeurs d'automobiles et leurs fournisseurs au Japon et aux États-Unis permet d'illustrer les avantages des formes hybrides [Dyer, 1996]. Dans cette étude, l'auteur constate que les firmes américaines s'appuient essentiellement sur des arrangements marchands ou sur l'intégration verticale pour encadrer les transactions avec leurs fournisseurs. Au contraire, les constructeurs japonais préfèrent recourir à des formes hybrides de gouvernance, en l'occurrence à des contrats de sous-traitance. Cette différence dans les choix organisationnels des constructeurs est présentée comme le principal facteur explicatif des écarts de performance entre les firmes américaines et japonaises. En effet, compte tenu des caractéristiques des transactions à réaliser dans le secteur étudié, le mode hybride d'organisation choisi par les firmes japonaises serait le plus efficace car il permettrait d'obtenir les avantages de la décentralisation et de la concurrence sans pour autant sacrifier les économies d'échelle et la coordination.

*Les différents types de contrats*

Plutôt que de considérer un continuum de relations contractuelles possibles [Cheung, 1983], Williamson distingue trois types de contrats qui diffèrent selon leurs propriétés adaptatives et incitatives et selon les mécanismes de coordination complémentaires qui leur sont associés. S'inspirant de MacNeil [1974], il distingue les contrats classique, néoclassique et de subordination.

**Le contrat classique.** — Ce type de contrat, qui est associé à la structure de gouvernance de marché, permet de coordonner, par l'intermédiaire du mécanisme de prix, des transactions substituables et réversibles car n'impliquant pas d'actifs spécifiques. De telles transactions sont en effet assez simples à gérer pour que le prix suffise à coordonner les agents et pour que la menace de changement de partenaire les incite à ne pas se comporter de manière opportuniste. Lorsque des transactions portent sur des actifs fortement redéployables, l'identité des parties réalisant ces transactions importe peu et le marché suffit à sanctionner les comportements irresponsables puisque les partenaires de l'échange peuvent aisément être remplacés.

Le contrat classique est donc un contrat de court terme, voire de très court terme, dans lequel les parties peuvent spécifier de manière exhaustive et précise les contingences futures. Dans les cas les plus « purs », où il n'y a ni spécificité des actifs ni incertitude, le dénouement des transactions est assuré instantanément et l'on parle de contrat « spot ». Le contrat classique laisse les parties autonomes : chacun des contractants réagit de manière indépendante aux fluctuations de prix qu'il enregistre car le prix constitue une statistique suffisante pour la prise de décision. Enfin, en cas d'aléa, les partenaires liés par ce type de contrat s'en remettent directement aux tribunaux et aux règles juridiques existantes.

On peut donner comme exemple de contrats classiques tous les contrats encadrant des transactions comme l'achat de matériaux standard, ne requérant aucun investissement spécifique.

**Le contrat « néoclassique ».** — Dans le cas de transactions requérant des investissements spécifiques, le recours à des contrats classiques dans le cadre d'un arrangement institutionnel de

### La relation de franchise

Le contrat de franchise est un accord par lequel une entreprise, le franchiseur, accorde à une autre, le franchisé, en échange d'une compensation financière directe ou indirecte, le droit d'exploiter une franchise dans le but de commercialiser des types de produits et/ou de services déterminés. Généralement, la compensation financière prend la forme d'un droit d'entrée et d'une redevance ou de plusieurs redevances qui dépendent du chiffre d'affaires réalisé par le franchisé. C'est la présence simultanée de ces éléments, l'utilisation par le franchisé de la marque du franchiseur, la transmission d'un savoir-faire et l'assistance continue du franchiseur, qui définit le contrat de franchise et qui le distingue des autres types de contrats de distribution.

La relation de franchise a fait l'objet de nombreuses études dans la littérature économique (voir Pénard, Raynaud et Saussier [2004] pour un bilan de ces études) et peut être utilement analysée comme une forme d'organisation hybride, soutenue par un contrat néoclassique [Hadfield, 1990 ; Matthewson et Winter, 1985 ; Rubin, 1978]. En effet, en référence au tableau 2, les accords de franchise occupent une position intermédiaire. Par rapport à l'intégration verticale, le franchisé a des incitations beaucoup plus fortes dans la mesure où : 1) il possède son unité ; 2) il est créancier résiduel du fruit de ses décisions une fois payées les différentes redevances au franchiseur. L'intensité des incitations est cependant moins forte que dans le cas du distributeur indépendant (*i.e.* la solution de marché pour le franchiseur) car il doit partager une partie de son revenu avec le franchiseur.

L'intensité du contrôle est aussi différente entre les structures de gouvernance. Les franchisés sont périodiquement contrôlés par le franchiseur ou un de ses représentants,

marché « pur » se révèle en revanche inapproprié et particulièrement coûteux. D'une part, la relation de dépendance bilatérale qui s'instaure entre les parties en raison du développement d'actifs spécifiques les oblige à assurer la continuité de leurs transactions. D'autre part, les risques d'opportunisme engendrés par l'existence d'une quasi-rente appropriable empêchent la rédaction de contrats complets anticipant tous les événements et comportements futurs et imposent l'usage de mécanismes de coordination et de contrôle plus puissants et flexibles que ceux du contrat classique et du marché.

Lorsque l'autonomie des parties impliquées dans de telles transactions peut être maintenue, c'est-à-dire tant qu'elles peuvent s'accorder sur les ajustements à effectuer pour adapter leur relation aux circonstances changeantes, elles ont recours à des contrats « néoclassiques ». Ces contrats, qui caractérisent les formes hybrides, sont des contrats de long terme incomplets, en particulier la qualité des produits vendus, la propreté du magasin, plus généralement différents éléments qui font partie du concept commercial dont le franchisé a reçu délégation. Dans une étude dans le secteur de la restauration rapide aux États-Unis, Bradach [1997] note cependant que les unités qui sont possédées par le franchiseur sont beaucoup plus souvent contrôlées que les unités franchisées. Une fois encore, les unités franchisées sont à mi-chemin entre la solution de marché et celle de l'intégration verticale.

La relation de franchise n'en reste pas moins une relation contractuelle caractérisée par des tensions et des risques de conflits. En effet, si l'on considère la propriété des actifs, le contrat de franchise est très proche de la solution de marché (*i.e.* le contrat d'achat vente) car le franchisé est un manager indépendant qui possède la totalité des actifs nécessaires à son activité.

Si maintenant on considère la question du contrôle de ces actifs, la relation de franchise est très proche de la relation de subordination, propre à la firme, car le franchiseur impose en grande partie ses vues au franchisé. En effet, afin de limiter les comportements opportunistes qui nuiraient à l'image de marque du réseau, le franchiseur impose bien souvent des clauses contractuelles qui limitent l'autonomie du franchisé quant aux décisions qu'il peut prendre dans son activité. Il perd, par exemple, des opportunités de profit si le contrat l'oblige à recourir à des fournisseurs qualifiés par le franchiseur alors même que d'autres fournisseurs lui proposent des prix plus avantageux. De plus, il est parfois contraint par le franchiseur lors de la revente de son unité. Ce dernier peut en effet avoir un « droit de regard » sur le repreneur potentiel.

On est dès lors clairement dans une relation contractuelle hybride, où les contractants sont indépendants sans être autonomes.

volontairement souples pour permettre les adaptations nécessaires et réduire les coûts de contractualisation, mais suffisamment crédibles pour protéger la valeur des investissements spécifiques et minimiser les risques d'opportunisme (pour un exemple de contrat néoclassique, voir l'encadré sur les contrats de franchise). Ils encadrent donc des relations qui sont toujours des relations de marché, mais où le niveau des sauvegardes contractuelles ne peut être considéré comme nul et où les agents ne sont plus des entités indépendantes. Dit autrement, ces contrats permettent aux contractants de conserver leur autonomie de décision et de préserver ainsi leurs incitations à l'effort tout en leur garantissant le suivi et le respect des engagements, sans pour autant leur faire subir les coûts d'une contractualisation complète. Ces contrats sont en effet des contrats relationnels ; ils définissent le cadre de la relation et prévoient donc une adaptation coordonnée des parties en cas de perturbations ou, en cas de litiges, l'intervention d'une tierce partie (comme un arbitre ou un expert), plus qu'ils ne détaillent les contingences possibles et les modifications contractuelles qui leur sont associées.

**Le contrat de subordination.** — Toutefois, le contrat néoclassique n'est pas indéfiniment élastique. Lorsque l'incertitude entourant les transactions s'amplifie parce que les actifs sont plus spécifiques et que la fréquence des transactions s'accroît, les risques d'opportunisme sont trop importants et trop nuisibles à la relation pour que celle-ci soit encadrée par un contrat préservant l'autonomie des parties. Il faut alors recourir à un système de contrôle et d'incitation hiérarchique qui passe par la propriété unifiée des actifs des deux partenaires, c'est-à-dire par l'organisation intégrée de leurs transactions. Dans le cadre d'une structure de gouvernance intégrée, c'est-à-dire hiérarchique, les parties se coordonnent par l'intermédiaire d'un contrat de subordination. Ce type de contrat est plus flexible et plus adaptable que le contrat néoclassique parce qu'il est complété par le mécanisme de coordination et de contrôle propre à la firme : le commandement. La dimension hiérarchique qu'introduit un tel arrangement institutionnel autorise en effet la rédaction de contrats très incomplets. Lorsque des perturbations viennent affecter l'efficacité de la firme et que des adaptations sont nécessaires, la hiérarchie intervient pour les réaliser. De fait, la relation de subordination qui lie les agents au sein de l'organisation intégrée favorise l'adaptation coordonnée et le contrôle de leurs actions. Elle permet aussi la gestion de niveaux élevés d'incertitude mais, en réduisant leur degré d'autonomie, elle affecte dans le même temps l'intensité des incitations à l'effort des agents. Enfin, la firme est son propre tribunal ultime. Elle assure la résolution des conflits internes, sans passer par un intervenant extérieur. Le tribunal se déclare en effet compétent pour régler les différends dans les relations interfirmes mais se déclare incompétent pour régler les différends internes à la firme [Masten, 1988c]. Sans cette différence de régime contractuel, les relations de marché et la firme ne pourraient être distinguées : la firme ne serait rien d'autre qu'un ensemble de contrats internes [Williamson, 1985, p. 218-222 *versus* Alchian et Demsetz, 1972, p. 777]. Parce que la firme est son propre tribunal ultime, elle peut exercer du commandement. C'est là son signe distinctif, déjà repéré par Coase.

Cette vision d'un marché incapable de répliquer les relations de commandement de la hiérarchie est contestée par certains auteurs qui mettent en évidence l'existence de clauses permettant à l'un des contractants de modifier le contrat de manière unilatérale. De telles clauses ont souvent été considérées comme une marque de hiérarchie dans les contrats, remettant en cause la distinction faite par Williamson entre formes hybrides et hiérarchies [Stinchcombe, 1985 ; Ang et Beath, 1993 ; Heide et John, 1988]. Toutefois, une différence essentielle entre la hiérarchie et ce type de contrat est le moment où la négociation a lieu. La relation hiérarchique n'est pas négociable, mais l'ordre que l'on reçoit peut ne pas être suivi *ex post* [Barnard, 1938]. La relation contractuelle, elle, est négociable *ex ante*. En ce sens, la distinction faite entre autorité et hiérarchie par Ménard [1994, 1995] nous semble une bonne façon de distinguer clairement ce qui est relation hybride et ce qui est relation hiérarchique.

Un certain nombre de conséquences résultent de ce qui précède. Comme nous l'avons vu, chacune des structures de gouvernance se distingue par le type d'adaptation qu'elle permet (autonome ou coordonnée), par l'intensité avec laquelle il est fait référence au contrat pour mener à bien la transaction (intensité du régime contractuel), par l'intensité des incitations qu'elle fournit et par son degré de contrôle administratif (tableau 2). Chaque structure de gouvernance a ses propres propriétés, qui définissent ses aptitudes à piloter une transaction donnée et à minimiser les coûts de transaction nécessaires à sa réalisation.

Tableau 2. **Les propriétés des différentes structures de gouvernance**

| | **Marché** | **Hybride** | **Hiérarchie** |
|---|---|---|---|
| Capacité d'adaptation autonome | ++ | + | 0 |
| Capacité d'adaptation coordonnée | 0 | + | ++ |
| Intensité incitative | ++ | + | 0 |
| Degré de contrôle administratif | 0 | + | ++ |
| Type de contrat correspondant | Classique | Néoclassique | Subordination |

*Source* : Williamson [1991, p. 281].

### *Un schéma simple de contractualisation*

Comme nous avons pu le voir, l'analyse économique des difficultés contractuelles que peuvent rencontrer les agents est particulièrement justifiée lorsque des investissements spécifiques sont nécessaires à la bonne réalisation de la transaction.

D'autre part, les agents sont considérés comme prévoyants, en ce sens que la dépendance qui provient des investissements spécifiques avancés pour réaliser la transaction ne leur est pas inconnue. Cette dépendance est prise en compte lors de la signature du contrat par la mise en place de clauses de sauvegarde. Le degré de spécificité des actifs nécessaires au déroulement de la transaction est donc considéré comme une variable en grande partie endogène, dont le niveau résulte de la volonté des agents lors de la signature du contrat (voir l'encadré sur la relation contractuelle entre Fisher Body et General Motors pour un exemple de développement volontaire d'actifs spécifiques). C'est pourquoi l'analyse transactionnelle rejette les analyses des relations contractuelles qui assimilent le système d'échanges à un jeu de pouvoir et de domination. La dépendance bilatérale est créée de manière volontaire, jusqu'au niveau où les sauvegardes contractuelles permettent à la confiance de s'instaurer.

Des clauses de sauvegarde importantes sont donc utiles seulement quand le degré de spécificité des actifs devient trop fort ou lorsque le niveau d'incertitude devient trop important. Elles répondent à un double besoin des contractants : un besoin de sécurité au fur et à mesure que les actifs deviennent spécifiques ; un besoin d'adaptabilité au fur et à mesure que l'incertitude qui concerne la transaction augmente. On a ainsi une cartographie des types de contrats réalisables suivant les caractéristiques de la transaction que le contrat se doit d'encadrer (figure 1). Le mode B de la figure 1 correspond à l'analyse qui était faite des formes hybrides dans l'ouvrage de 1975, *Markets and Hierarchies*. C'est une solution instable, où le prix de la transaction, $p_2$, est plus élevé que le prix de la même transaction lorsque des clauses de sauvegarde sont mises en place, car dans ce cas la partie qui développe des actifs spécifiques fait payer le risque qu'elle prend. Les modes A, E et D sont la nouveauté de l'approche de Williamson en 1985. Ils correspondent à la prise en compte de la stabilité des formes hybrides par le biais de clauses de sauvegarde.

Figure 1. **Les différents types de contrats**

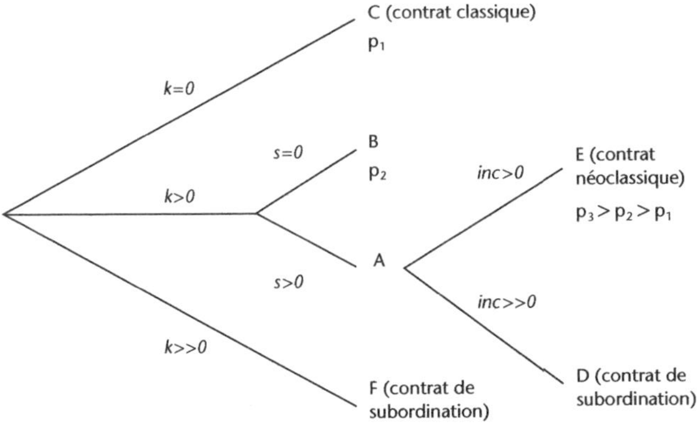


*Légende* : *k* = spécificité des actifs ; *s* = niveau des clauses de sauvegarde ; *inc* = niveau d'incertitude ; *p* = prix.

*Source* : d'après Williamson [1985, p. 33].

Le contrat se résume à un prix et une quantité. Cela n'est vrai que dans la mesure où la spécificité des actifs impliqués dans la transaction est nulle. Aucune clause de sauvegarde n'est alors nécessaire. Le marché peut parfaitement jouer son rôle. Cependant, dès lors que la spécificité des actifs engagés dans la transaction est importante, le marché ne peut plus jouer parfaitement son rôle. Le contrat est alors plus qu'un prix et une quantité. Il se définit par la présence supplémentaire de clauses de sauvegarde, telles que nous avons pu les définir auparavant, c'est-à-dire comme des mécanismes cherchant à réduire les aléas contractuels et à produire de la confiance entre les parties. Cette sécurité peut être atteinte par l'intégration de la transaction ou par la mise en place de relations hybrides, qui sont des relations de long terme où, contrairement à l'intégration, l'autonomie des parties est conservée mais où, comparativement au marché, des clauses de sauvegarde sont introduites.

Pour nous résumer, la théorie des coûts de transaction s'interroge sur les motifs qui poussent les agents à écrire des contrats.

Le premier motif, le plus souvent mis en avant, est le désir de protection des investissements spécifiques (recherche de sécurité) avancés par l'une des parties ou les deux [Klein, Crawford et Alchian, 1978]. Parce que les investissements spécifiques ne sont pas redéployables sans coûts vers d'autres usages ou d'autres utilisateurs, les parties ont intérêt à chercher à influencer la distribution de la quasi-rente ainsi créée au travers de comportements opportunistes. Les contrats sont donc le moyen de promouvoir l'efficacité en spécifiant *ex ante* la distribution de la quasi-rente *ex post*, évitant ainsi des marchandages répétitifs et des risques d'opportunisme *ex post*.

Du fait des hypothèses que retient la théorie des coûts de transaction, les choses sont un peu plus complexes notamment parce que les contrats ne sont pas des mécanismes parfaits exécutés de manière mécanique et respectés à la lettre. Ils ne sont que des outils de contrôle des comportements opportunistes très imparfaits. Les parties peuvent mettre au point toutes sortes de tactiques pour ne pas avoir à respecter le contrat ou l'esprit du contrat. Un élément important dans le choix de la forme du contrat devient alors la recherche d'économie des coûts associés à la résolution des conflits et au contrôle de l'échange.

Les contrats, dès lors qu'ils sont de long terme, sont incomplets et ne cherchent pas forcément à réduire cette incomplétude. Ils sont plutôt caractérisés par un processus de négociation continuelle. Les contrats, de ce point de vue, deviennent simplement un moyen de structurer ces négociations afin d'éviter, dans la mesure du possible, des comportements opportunistes. Le problème qui se pose alors aux parties contractantes est de choisir une structure qui encourage le développement de la quasi-rente et les ajustements nécessaires à son maintien (recherche de flexibilité), mais qui décourage les efforts réduisant la quasi-rente, ne cherchant qu'à influencer sa redistribution au travers de comportements opportunistes. Si des contrats recherchant la complétude rendent plus difficiles les comportements opportunistes, ils peuvent aussi limiter la capacité d'adaptation des partenaires et sacrifier des gains (coûts d'opportunité) ou entraîner de fortes dépenses improductives afin de conduire les parties à une renégociation.

L'avantage de contrats moins précis, plus relationnels, qui laissent certains aspects pour une négociation future, est qu'ils sont plus simples à écrire et permettent l'adaptation aux événements non prévus. Plutôt qu'un contrat contingent complet, on cherche à mettre en place une sorte de « constitution » [Goldberg, 1976] gouvernant la transaction. L'inconvénient de telles structures est qu'elles laissent une grande latitude pour de possibles comportements opportunistes. Dans la réalité, les parties effectuent donc un arbitrage entre flexibilité et sécurité [Saussier, 2000a]. Le degré de détail dans les contrats reflète la nature de la transaction : « Ce qui est nécessaire est un moyen pour rendre certaines dimensions du contrat flexibles avec des termes dans lesquels les deux parties aient confiance. Cela peut être accompli en : 1) reconnaissant que les risques d'opportunisme varient avec le type d'adaptation proposé et 2) en restreignant les ajustements à ceux où les risques sont les plus faibles » [Williamson, 1985, p. 251]. Lorsque le contrat ne permet pas d'obtenir un niveau adéquat de flexibilité et de sécurité dans la relation, alors la solution ultime est l'intégration et le remplacement d'une relation hybride par une relation de subordination (mode D), permettant d'atteindre ces deux objectifs au prix d'une chute des incitations.

DEUXIÈME PARTIE

# Les applications

La théorie des coûts de transaction est considérée comme une *empirical success story* [Williamson, 1996]. On dénombre ainsi plus de neuf cents articles empiriques dans des disciplines aussi diverses que l'économie, la gestion, le marketing, la comptabilité, la finance, l'économie des organisations, l'économie internationale, le droit, l'économie de la santé, l'économie agricole [Macher et Richman, 2006], avec des applications parfois surprenantes comme le contrat de mariage [Hamilton, 1999] ou le succès des groupes de rock [Cameron et Collins, 1997].

L'objectif de cette deuxième partie est de présenter les propositions de la théorie des coûts de transaction ainsi que les résultats des tests auxquels elles ont donné lieu. Les avancées dans les tests économétriques réalisés ont été importantes depuis les développements initiaux de la théorie. Il reste néanmoins des progrès à faire sur lesquels nous revenons.

## III / Les propositions théoriques

Le premier objectif de la théorie des coûts de transaction consiste à expliquer la variété des arrangements organisationnels encadrant les échanges des économies de marché. Il s'agit par exemple d'analyser l'organisation interne des firmes, les déterminants des frontières entre firme et marché ou encore les propriétés des arrangements contractuels passés entre fournisseurs et acheteurs de biens ou de services publics. Dans tous les cas, l'hypothèse centrale que formule la théorie est que le choix d'une structure de gouvernance repose sur un principe de minimisation des coûts de production et de transaction associés à la fourniture d'un bien ou d'un service.

### Les stratégies des firmes

L'arrangement contractuel qui permet de minimiser les coûts de transaction est celui qui est le plus adapté aux caractéristiques des transactions à gérer. Par conséquent, « les économies de coûts de transaction sont réalisées en affectant les transactions, qui diffèrent dans leurs attributs, à des structures de pilotage, *i.e.* aux cadres organisationnels au sein desquels les relations contractuelles sont menées, d'une façon discriminante » [Williamson, 1985, p. 41].

Ce principe d'alignement des transactions, qui se situe au cœur de l'analyse transactionnelle, suggère, d'une part, que les coûts de transaction varient en fonction des caractéristiques des transactions et, d'autre part, que la diversité des transactions explique la variété des formes contractuelles et plus largement des structures de gouvernance. L'appliquer suppose donc, dans un premier temps, d'identifier les attributs des transactions et leur influence sur les coûts puis d'analyser les propriétés des différents modes contractuels et leur propension à minimiser les coûts afin d'établir un tableau de correspondance entre caractéristiques des transactions et structures de pilotage. Partant du principe d'alignement et du critère de minimisation des coûts de transaction, il est donc possible d'avancer des propositions sur la plupart des choix organisationnels des firmes, qu'il s'agisse du choix d'intégration verticale ou du choix du type de contrat, et ce pour des entreprises privées comme pour des entreprises publiques.

### *Faire ou faire faire ?*

L'intégration ou le contrôle vertical ont longtemps été perçus par les économistes comme des pratiques visant à distordre la concurrence au détriment des consommateurs. Une firme intégrant son fournisseur ou son distributeur ou lui imposant des restrictions verticales était suspectée de chercher à dégager une rente de monopole par la prise de contrôle des marchés des *inputs* ou des canaux de distribution. Cette vision a été celle des autorités antitrust au moins jusqu'aux années 1980 et les a conduites à sanctionner, voire interdire de telles pratiques [Combe, 2005].

L'approche développée par la théorie des coûts de transaction contraste avec cette vision et a contribué à la remettre en cause. Elle met en effet l'accent sur les gains de coordination qui peuvent résulter de l'intégration ou de la quasi-intégration verticale et avance donc que les motivations de ces pratiques ne sont pas toujours anticoncurrentielles. Les premiers travaux de Williamson portaient d'ailleurs sur ce point précis et visaient à montrer que les coûts liés à la monopolisation d'un segment de marché — voire d'une industrie dans le cas des fusions horizontales — devaient être comparés aux gains réalisés grâce aux opérations d'intégration [Williamson, 1968, 1985]. Comme l'indique d'ailleurs le titre du premier ouvrage de Williamson [1975], *Markets and Hierarchies : Analysis and Antitrust Implications*, l'étude des conséquences des choix organisationnels des firmes sur la concurrence fut l'une des premières préoccupations de la théorie des coûts de transaction.

Le raisonnement qui mène cette théorie à proposer une explication différente de l'intégration verticale peut être compris en partant du modèle heuristique développé par Williamson. Celui-ci établit une correspondance entre degré de spécificité des actifs et structures de gouvernance des transactions impliquant ces actifs (figure 2).

Figure 2. **Les coûts de transaction et l'arbitrage entre structures de gouvernance**

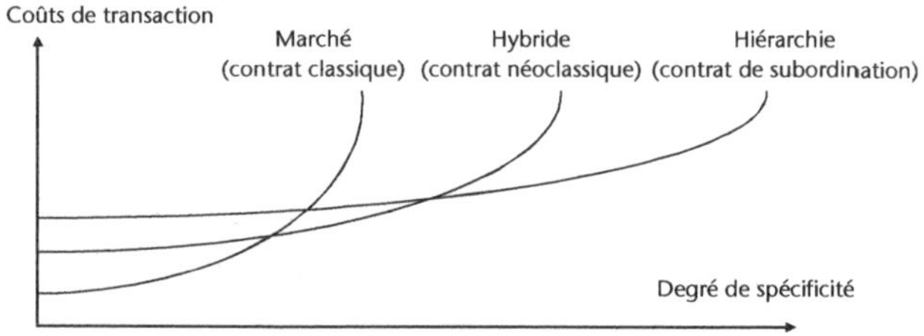


*Source* : Williamson [1991, p. 284].

Ainsi, à un niveau de spécificité donné correspond une structure de gouvernance ou un arrangement contractuel efficace, *i.e.* minimisant les coûts de transaction. Cela implique que le différentiel de coûts de transaction engendrés par deux modes organisationnels alternatifs varie selon le degré de spécificité des actifs.

Bien évidemment, l'objectif des agents n'est pas de minimiser les coûts de transaction — autrement il leur suffirait de choisir des transactions standard qui ne nécessitent pas ou très peu d'investissements spécifiques. Comme le note Williamson, « des actifs spécifiques créent une dépendance bilatérale qui complique les relations contractuelles. En conséquence, de tels investissements ne seraient jamais réalisés s'ils ne permettaient pas des réductions de coûts de production ou des revenus supplémentaires » [Williamson, 1993a, p. 54]. Les choix organisationnels qu'effectuent les agents sont donc le résultat d'un programme de minimisation de la somme des coûts de production et de transaction.

En se focalisant sur les arrangements contractuels propres aux structures de marché et d'organisation en interne — ce qui correspond à l'analyse de la décision d'intégration verticale, *i.e.* du choix entre faire et faire faire — et en introduisant les coûts de production dans l'analyse, on obtient alors le graphique présenté dans la figure 3.

Figure 3. **Faire ou faire faire ? Un arbitrage en fonction des coûts de production et de transaction**

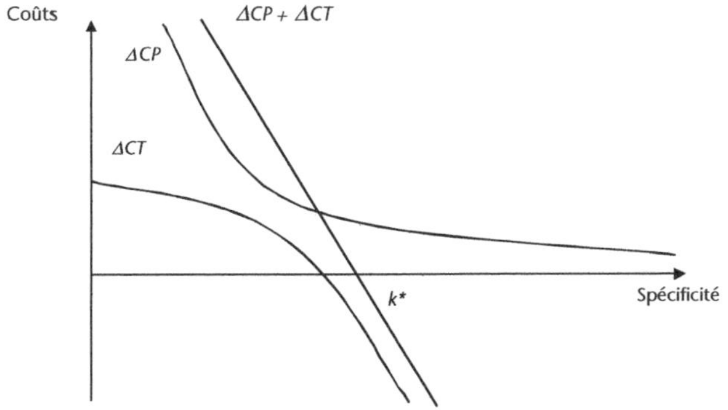


*Source* : Williamson [1981, p. 1560].

Où :

— $\Delta CP$ représente la différence entre les coûts de production d'un bien en interne ($CP_i$) et les coûts d'acquisition du même bien sur le marché, *i.e.* par l'intermédiaire d'un contrat classique ($CP_m$) ;

— $\Delta CT$ correspond à la différence en termes de coûts de transaction entre une forme organisationnelle intégrée, *i.e.* un contrat de subordination ($CT_i$), et une structure de marché, *i.e.* un contrat classique ($CT_m$).

Ce schéma révèle que pour les transactions nécessitant le développement d'actifs dont le degré de spécificité $k$ est supérieur à $k^*$, le contrat le plus adapté est le contrat de subordination car il permet de minimiser la somme des coûts de production et de transaction. En effet, pour $k > k^*$ :

$$\Delta CP + \Delta CT < 0 \Rightarrow CP_i - CP_m + CT_i - CT_m < 0$$
$$\Rightarrow CP_i + CT_i < CP_m + CT_m$$

En revanche, pour des transactions impliquant des niveaux de spécificité inférieurs à $k^*$, ce sont les contrats classiques de marché qui apparaissent comme les plus efficaces.

Un raisonnement similaire peut être développé pour analyser l'arbitrage entre différentes clauses contractuelles. La durée des contrats, leur degré de complétude ou encore les clauses de prix sont en effet autant de dimensions contractuelles faisant l'objet de propositions testables.

*La durée des contrats*

Parmi les clauses contractuelles les plus étudiées figure la durée des engagements. Mais l'arbitrage à l'œuvre concernant la durée optimale des contrats est proche de celui concernant la complétude des contrats ou l'utilisation d'une clause contractuelle particulière [Crocker et Masten, 1991 ; Crocker et Reynolds, 1993 ; Saussier, 2000a ; Masten et Saussier, 2000].

Dans l'optique de la théorie des coûts de transaction, le choix de la durée des contrats interfirmes s'effectue selon un critère de minimisation des coûts et repose sur un arbitrage entre besoin de sécurisation des investissements (*i.e.* réduction de l'opportunisme) et besoin de flexibilité [Crocker et Masten, 1991 ; Crocker et Reynolds, 1993 ; Saussier, 1998, 1999].

D'un côté en effet, la durée des contrats est positivement affectée par le montant des actifs spécifiques impliqués dans la transaction faisant l'objet d'une contractualisation, toutes choses égales par ailleurs. Plus les actifs impliqués dans la transaction sont idiosyncrasiques — c'est-à-dire particuliers à celle-ci —, plus ils engendrent une quasi-rente appropriable et plus les parties sont incitées à adopter des comportements opportunistes en vue de s'accaparer cette quasi-rente [Klein, Crawford et Alchian, 1978]. Dans ce contexte, des contrats de long terme permettent de sécuriser les investissements et d'éviter la répétition de négociations coûteuses et le risque d'opportunisme en assurant la distribution de la rente *ex ante*.

D'un autre côté, la durée des contrats est négativement affectée par le niveau d'incertitude entourant la transaction concernée par le contrat, toutes choses égales par ailleurs. Compte tenu de la rationalité limitée des agents économiques, les contrats qu'ils rédigent ne peuvent être assez précis et mécaniques pour anticiper toutes les contingences futures et prévoir des réponses à chaque événement. Dès lors, dans un environnement incertain, plus les contrats signés sont de long terme, plus ils risquent d'être inadaptés aux circonstances changeantes et plus les contractants auront à supporter de coûts de mauvaise adaptation. En présence d'incertitude, il est donc préférable d'avoir recours à des contrats de court terme parce qu'ils permettent un ajustement aux contingences.

*Les autres dimensions contractuelles*

Toutes choses égales par ailleurs, cet arbitrage entre rigidité et flexibilité se retrouve plus largement dans le choix de toutes les dimensions contractuelles.

Figure 4. **Le choix du niveau de rigidité du contrat**

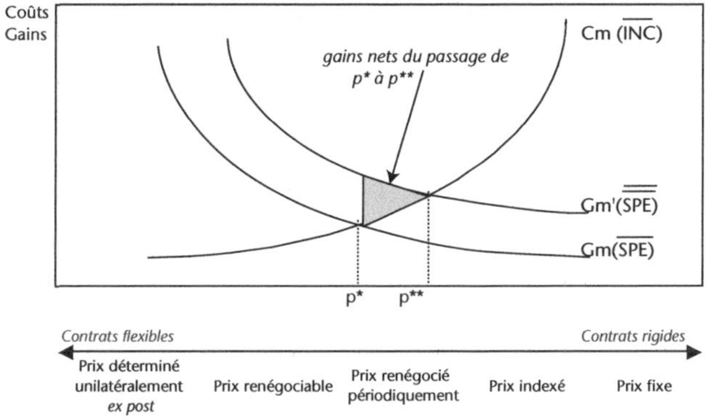


Ainsi, si l'on considère les clauses de prix et que l'on note Gm et Cm, respectivement le gain marginal et le coût marginal liés à la rigidité de la clause de prix dans les contrats (*i.e.* à la volonté des parties de définir *ex ante* le prix afin de ne pas avoir de surprise *ex post*), une approche en termes de coûts de transaction suggère que le gain marginal est essentiellement une fonction des investissements spécifiques mis en place, alors que le coût marginal dépend, lui, essentiellement de l'incertitude liée à la transaction. Les contractants, s'ils cherchent à économiser sur les coûts de transaction, devraient choisir le niveau de rigidité qui égalise le coût marginal et le gain marginal. Avec une augmentation de la spécificité des actifs ($\overline{\overline{SPE}} > \overline{SPE}$), la rigidité du contrat augmente donc.

Au total, l'approche en termes de coûts de transaction permet de comprendre assez bien la logique qu'il peut y avoir dans les choix contractuels des agents économiques. Lorsqu'une transaction nécessite le développement d'investissements spécifiques, alors une relation de long terme est nécessaire puisqu'il existe une rente relationnelle que les parties ne peuvent obtenir en dehors de la relation contractuelle. Cependant, si l'environnement est très incertain, le partage de cette rente ne peut être décidé *ex ante*, sous peine de devoir supporter des coûts de maladaptation *ex post*. Dès lors, plusieurs mécanismes apportant de la flexibilité à la relation contractuelle sont envisageables. La fixation unilatérale du prix *ex post* est une solution extrême, qui a l'avantage de limiter les renégociations bilatérales. L'incomplétude contractuelle, souvent liée à la flexibilité *ex post* du contrat, peut donc apparaître, dans certaines conditions, comme une solution plutôt que comme un problème.

## L'organisation des services publics

La théorie des coûts de transaction ne se contente pas de fournir des réponses aux questions organisationnelles relatives à l'intégration verticale ou aux choix contractuels que se posent les firmes privées. Elle se veut aussi un puissant outil d'analyse des modes d'organisation des services publics. Chronologiquement, il s'agit d'ailleurs du premier thème d'application de la théorie [Williamson, 1976].

Les propositions de la théorie des coûts de transaction relatives à la gouvernance des services publics tirent leur origine des débats des années 1960 et 1970 sur la réglementation (voir Priest [1993] pour un résumé de ces débats). En réponse à l'article de Demsetz [1968] qui présente l'appel d'offres concurrentiel comme la solution aux problèmes du monopole naturel et de la capture des agences de réglementation, Williamson [1976] et Goldberg [1976] développent les premières analyses comparatives en termes de coûts de transaction du rôle et des limites des modes alternatifs de coordination des industries de services publics que sont le marché et la réglementation.

Dans la lignée des arguments défendus par la théorie économique de la réglementation [Stigler et Friedland, 1962], Demsetz considère que la réglementation des industries de services publics n'est pas efficace en ce sens qu'elle ne permet pas de contrôler et contraindre les pratiques des monopoleurs, essentiellement parce que les décideurs publics régulateurs sont captifs de groupes d'intérêt. Cela le conduit à rechercher un mécanisme de coordination alternatif à la réglementation. La solution qu'il propose pour résoudre les problèmes liés à l'existence de monopoles naturels et à la réglementation inefficace de ceux-ci est de recourir à des mécanismes de marché *via* un appel d'offres concurrentiel. Il s'agit de mettre aux enchères le droit de fournir un service et de l'attribuer à l'offreur s'engageant à servir le marché au prix le plus bas. L'idée défendue est la suivante : lorsque la concurrence sur le marché n'est pas possible (comme c'est le cas pour les secteurs présentant des caractéristiques de monopole naturel), l'existence d'une concurrence *ex ante*, pour le marché, garantit que les prix pratiqués *ex post* sont au niveau concurrentiel et assure la redistribution de la rente monopolistique aux consommateurs-usagers. Ainsi, l'attribution par appel d'offres de concessions de services publics permet d'éliminer les motifs de la réglementation traditionnelle des monopoles et d'introduire des mécanismes concurrentiels même lorsqu'il n'y a qu'un seul fournisseur.

À ces conclusions, Williamson [1976] et Goldberg [1976] opposent l'argument qu'il n'existe pas de mode de coordination plus efficace qu'un autre *a priori*. L'efficacité d'arrangements institutionnels alternatifs tels que la réglementation et le marché s'évalue en comparant les bénéfices nets de chacun des arrangements. Or, dans la mesure où la mise aux enchères de concessions de services publics se heurte à un certain nombre de limites que ces auteurs exposent en détail, l'analyse de la coordination des services publics doit s'appuyer sur la comparaison des défaillances de la réglementation avec les imperfections du marché. D'après eux, considérer, comme le fait Demsetz, que les mécanismes de marché ont un pouvoir illimité de coordination des échanges revient à omettre les problèmes qu'engendre ce mode de coordination et qui peuvent pourtant se révéler particulièrement importants dans le cas des industries de services publics. D'après Williamson, trois types de problèmes sont associés à l'attribution par appel d'offres de concessions de services publics.

Figure 5. **Appel d'offres et délégation de services publics : les problèmes à surmonter**

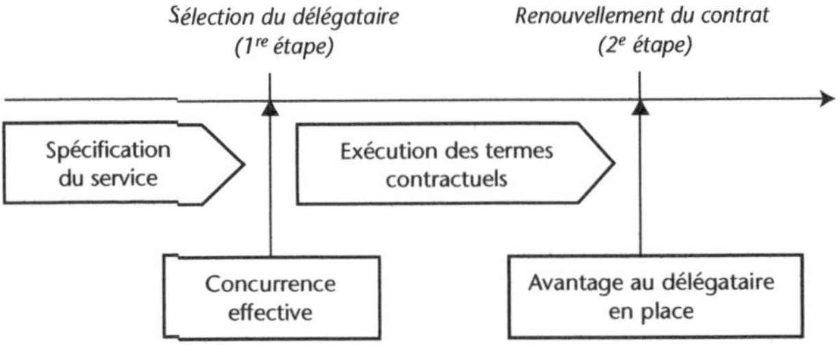


*Source* : Yvrande-Billon [2006].

*Les difficultés d'attribution des contrats*

Le premier obstacle à la coordination de la fourniture de services publics par des mécanismes de marché tient à la difficulté à mettre effectivement les opérateurs en concurrence *ex ante*. Compte tenu de la complexité de certains services, les principes de sélection du vainqueur de l'appel d'offres sont en effet délicats à définir. Les questions qui se posent au stade d'attribution de concessions par appel d'offres sont les suivantes : sur quels critères doit-on attribuer les contrats ? Comment comparer des offres incorporant une dimension quantitative (le prix du service et le coût de sa fourniture) et une dimension qualitative (la qualité du service fourni) ? En d'autres termes, le problème qui se pose est de spécifier les termes du contrat de délégation et par conséquent de définir ce que l'on attend du délégataire. Il s'agit de déterminer les caractéristiques du service à rendre de manière à établir des critères objectifs d'attribution des contrats et à pouvoir comparer des offres alternatives. L'efficacité du mécanisme d'appel d'offres dépend en premier lieu de la capacité du délégant à caractériser le service qu'il souhaite voir fourni.

En effet, si le délégant ne parvient pas à spécifier l'objet de l'appel d'offres avec précision, les offreurs potentiels peuvent être découragés de participer à l'appel d'offres, d'une part, en raison des coûts de recherche d'informations supplémentaires qu'ils devraient supporter pour répondre à un tel appel d'offres et, d'autre part, par crainte de voir le contrat renégocié *ex post* et de subir l'opportunisme du délégant [Zupan, 1989b]. Le nombre de candidats étant alors réduit, les bénéfices attendus de la mise en concurrence s'en trouveraient affectés.

Dans ces conditions, la mise aux enchères peut conduire à des situations d'antisélection et au choix du candidat le plus optimiste sur les conditions futures d'exploitation et sur le niveau futur de la demande. Ce qui peut aboutir à ce que l'on appelle la « malédiction du vainqueur », c'est-à-dire à des situations où le candidat sélectionné se rend compte, une fois le contrat remporté, qu'il n'est pas en mesure de remplir ses engagements car l'offre qui lui a permis de remporter l'enchère reposait sur des hypothèses irréalistes en ce qui concerne la croissance de la demande ou le montant des investissements à réaliser.

Une spécification incomplète des obligations du concédant peut même conduire à sélectionner les enchérisseurs les plus opportunistes [Bajari, McMillan et Tadelis, 2003]. Si les obligations de services sont mal spécifiées dans le contrat mis en concurrence, le processus d'adjudication peut conduire à sélectionner le candidat qui est le plus conscient des vides contractuels qu'il pourrait exploiter. Anticipant qu'il pourra tirer avantage des situations imprévues dans le contrat et de ses imprécisions, ce candidat n'hésitera pas à proposer de servir le marché au prix le plus bas et remportera donc l'appel d'offres alors même qu'il n'est peut-être pas le candidat le plus efficace. La mise en concurrence *ex ante* des opérateurs potentiels ne permet alors pas la sélection du plus efficace d'entre eux.

Dès lors, le recours au mécanisme d'appel d'offres est d'autant plus problématique que le service à concéder est complexe et que l'incertitude entourant les états futurs de la nature est forte. Ce mode de coordination est donc préférable lorsque les services à délivrer sont simples à définir. À l'inverse, lorsque le service est complexe et sujet à une forte incertitude, la coordination sera mieux assurée par voie réglementaire (voir Bajari, McMillan et Tadelis [2003] pour une formalisation et un test de ces propositions).

*Les problèmes d'exécution et d'adaptation*

Le second type de difficultés à surmonter survient durant la phase d'exécution de contrats de délégation de services publics et est lié d'une part à la crédibilité des menaces de sanction du délégant et d'autre part à l'incomplétude des contrats et aux risques d'opportunisme de la part des délégataires.

Une fois l'appel d'offres remporté, l'opérateur peut en effet revenir sur les promesses qu'il a faites et qui lui ont permis de gagner l'appel d'offres. Il peut notamment pratiquer des tarifs supérieurs au prix proposé lors de l'appel d'offres, rogner sur la qualité du service fourni ou encore ne pas respecter ses engagements en matière de délais de réalisation ou de renouvellement des investissements et chercher à renégocier le contrat initial [Prager, 1990]. Ce risque est évidemment d'autant plus sérieux que les menaces de sanction sont peu crédibles, ce qui est fortement probable, d'après Williamson, dès lors que l'on a affaire à des transactions de services publics nécessitant des investissements lourds et bien souvent non récupérables. En effet, à moins de contre-performances sérieuses et répétées, le vainqueur d'un appel d'offres sait qu'il a peu de risques d'être remplacé avant l'expiration du contrat qu'il a remporté car le respect de la durée de son contrat est la contrepartie des investissements durables qu'il a dû réaliser. L'un des moyens, pour l'État, de parvenir à inciter des acteurs privés à investir massivement dans des actifs de longue durée, souvent difficilement redéployables, et de signaler sa crédibilité à ses futurs partenaires, est en effet de garantir la durée des engagements. De plus, le remplacement d'un délégataire avant le terme de son contrat est un processus long, coûteux et donc dissuasif pour le délégant. Plutôt que de s'engager dans une procédure de résolution des conflits puis de supporter en sus des coûts de transition et éventuellement de faire face à une rupture du service, le délégant insatisfait par les performances de son délégataire préférera poursuivre la relation avec celui-ci et négocier un compromis. En conséquence, la menace de rupture du contrat qui pèse sur les délégataires de services publics ayant obtenu un contrat de long terme est relativement faible, ce qui leur laisse le loisir d'exprimer leur opportunisme.

De plus, du fait de leur incomplétude, les contrats ne sont pas des modes de coordination des échanges parfaits. Ils ne peuvent prévoir toutes les situations futures et doivent donc être adaptés en cas de perturbation. En outre, la tendance à l'opportunisme des agents économiques oblige à contrôler le respect des engagements contractuels. Les contrats de délégation de services publics n'échappent pas à cette « règle ».

Premièrement, sur un marché de services publics caractérisé par de l'incertitude sur la technologie, la demande ou encore les conditions d'offre, une structure de gouvernance par contrats de délégation doit prévoir la flexibilité de la variable de prix de manière à ne pas laisser se creuser un écart entre niveau des prix et niveau des coûts. Pour minimiser cet écart et assurer l'adaptation de la structure aux perturbations, il est envisageable d'introduire diverses formules d'ajustement par indices [Athias et Saussier, 2007]. Mais, quand les changements techniques se produisent rapidement ou quand les conditions de la demande locale diffèrent de celles de la population choisie pour calculer l'indice d'ajustement, cette solution n'est plus satisfaisante dans la mesure où il faut renégocier le contrat initial et par conséquent faire intervenir les pouvoirs publics.

Deuxièmement, l'impossibilité de spécifier avec précision toutes les dimensions de la qualité du service à fournir et la difficulté à définir des procédures de contrôle et de sanction crédibles laissent aux délégataires une grande latitude durant l'exécution de leur contrat. Les standards techniques imposés contractuellement ne suffisent pas, à eux seuls, pour contraindre le comportement des délégataires et assurer un niveau de qualité maximal à un coût minimal. Étant donné les investissements en jeu et la nature du service à délivrer, la seule sanction du marché ne suffit souvent pas à contrôler et inciter les délégataires. Des mécanismes de contrôle et de sanction supplémentaires doivent par conséquent être introduits.

La théorie des coûts de transaction avance donc que, dans un environnement incertain, le recours à une agence de réglementation est nécessaire afin de compléter la coordination contractuelle par des mécanismes hiérarchiques pouvant assurer la flexibilité des arrangements et contrôler et sanctionner d'éventuels comportements opportunistes [Priest, 1993].

*Les obstacles à la réattribution*

Enfin, le troisième et dernier problème que pose le recours à l'appel d'offres concerne l'efficacité des mécanismes concurrentiels d'attribution au stade de renouvellement des contrats. L'existence d'une concurrence entre offreurs au stade de renouvellement du contrat conditionne l'efficacité du mode de coordination par appel d'offres. Or la parité entre enchérisseurs lors du second « round » d'attribution n'est pas assurée compte tenu de la nature des investissements réalisés par les contractants en place, qu'il s'agisse d'investissements en actifs physiques ou d'investissements en capital humain. Ainsi, bien qu'il puisse y avoir un grand nombre de soumissionnaires qualifiés au début, si le « gagnant du contrat original acquiert un avantage de coût, en raison par exemple d'une localisation ou d'un apprentissage unique, incluant l'acquisition de compétences de travail liées à des tâches spécifiques », l'égalité entre soumissionnaires aux périodes de renouvellement du contrat ne sera pas assurée [Williamson, 1985, p. 53-54].

L'enchérisseur ayant remporté le premier appel d'offres bénéficie des conséquences de ce que Williamson appelle la « transformation fondamentale » [Williamson, 1985, p. 61-63]. Selon ce phénomène contractuel, l'existence d'une concurrence *ex ante* dans les appels d'offres, c'est-à-dire la présence d'un grand nombre d'offreurs au stade d'attribution d'un contrat de délégation, ne garantit pas le maintien du même degré de concurrence lors du renouvellement du contrat. L'efficience ou l'inefficience *ex post* de la concurrence varie selon que la fourniture du bien ou du service considéré implique des investissements durables en actifs humains et/ou physiques spécifiques. Lorsque de tels investissements ne sont pas nécessaires pour assurer la fourniture de services publics concédés, l'offreur qui remporte l'appel d'offres initial ne bénéficie pas d'avantages sur ses rivaux lors des appels d'offres ultérieurs. En revanche, dès lors que des investissements durables en actifs spécifiques aux transactions de services publics sont réalisés par le premier délégataire, ses futurs concurrents ne sont plus sur un pied d'égalité avec lui. Dans de telles circonstances, le vainqueur profite donc d'avantages sur les vaincus. En conséquence, la situation concurrentielle de départ est transformée par la suite en une situation d'offre bilatérale, entraînant un danger d'expropriation réciproque.

Si le délégataire a investi dans du capital physique spécifique à la fourniture de services publics, dans la mesure où ce capital perd de sa valeur lorsqu'il est utilisé à d'autres fins que celle pour laquelle il était prévu, le fournisseur est fortement dépendant de son client. Parallèlement, comme le client ne peut se retourner vers des sources alternatives d'approvisionnement et obtenir le bien ou service à des conditions favorables puisque le coût d'approvisionnement auprès d'un fournisseur non spécialisé est élevé, celui-ci est également captif de son fournisseur. De la même manière, les investissements en capital humain spécifique réalisés par le délégataire tout au long de la relation contractuelle (par exemple, les dépenses de formation et d'apprentissage spécialisés effectuées pour répondre à la demande du client) créent une relation de dépendance bilatérale qui donne de la valeur à l'identité des parties. Au cours de l'exécution du contrat, c'est-à-dire au fur et à mesure que les contractants accumulent de l'expérience et que leur relation de confiance évolue, ils peuvent par exemple développer un langage spécialisé qui accroît la valeur de leur relation, renforce l'importance de l'identité des contractants et par conséquent réduit les chances des concurrents potentiels du fournisseur initial de remporter les appels d'offres suivants. En d'autres termes, le délégataire ayant réalisé des investissements spécifiques n'est pas remplaçable sans coût. Il dispose donc d'un avantage de *first mover* sur ses rivaux potentiels [Williamson, 1975, p. 34-35]. Dès lors, l'efficacité du mécanisme d'attribution des contrats par appel d'offres n'est plus garantie en deuxième période (c'est-à-dire après que le premier vainqueur a développé des actifs spécifiques), puisque la contractualisation anonyme, propre au marché, a été supplantée par une contractualisation dans laquelle l'identité des parties importe.

Ces considérations sur les difficultés à coordonner la production de services publics par des mécanismes de marché permettent d'établir une correspondance entre caractéristiques des transactions et structures de gouvernance efficaces. Comme pour l'analyse des choix d'intégration verticale dans le secteur privé, la caractérisation des attributs des transactions est le point de départ de l'étude de la gouvernance des services publics. La démarche théorique expliquant l'arbitrage entre « faire » et « faire faire » peut en effet être transposée au cas des services publics. L'arbitrage « traditionnel » entre marché et hiérarchie se transforme alors en un arbitrage entre délégation de services publics *via* des contrats attribués par appel d'offres et qui peuvent être plus ou moins longs, selon le besoin de coordination et d'adaptation des agents, et gestion directe par des monopoles réglementés (par exemple, des régies).

Le raisonnement est synthétisé dans la figure 6.

Figure 6. **Le choix des modes de coordination des transactions de services publics**

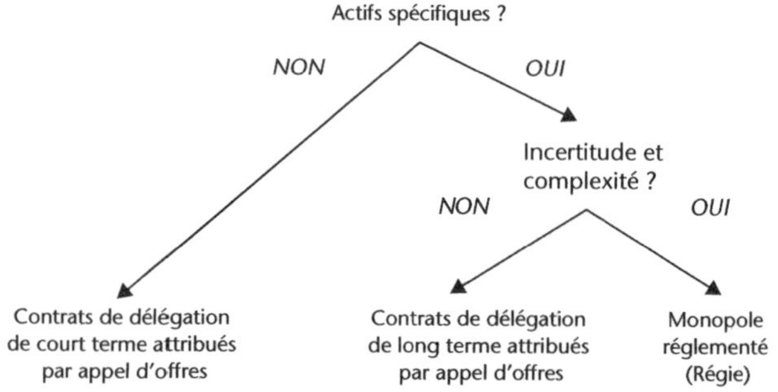


*Source* : d'après Crocker et Masten [1996, p. 10].

Certes, si les actifs nécessaires à la production des biens ou services sont peu spécifiques, le marché « spot », sur lequel les transactions se dénouent instantanément, sera la structure la plus appropriée. En revanche, si les actifs sont spécifiques, le choix de la forme organisationnelle dépendra du degré d'incertitude des transactions. Quand l'environnement est relativement simple et prévisible, les parties (l'État et la firme prestataire de services) peuvent stipuler les responsabilités et les principes d'adaptation aux contingences au début de la relation. Le recours à une structure contractuelle de long terme *via* le mécanisme d'appel d'offres est alors indiqué. Mais, si l'environnement est plus instable, notamment parce que les transactions sont complexes, on peut anticiper que les parties devront revoir leurs arrangements et seront susceptibles de s'adonner à l'opportunisme lors des renégociations. La gouvernance par contrats de délégation de long terme n'est alors plus appropriée et doit être complétée par un mécanisme de coordination plus puissant. La réglementation, qui s'apparente à la gouvernance hiérarchique, est alors indiquée puisqu'elle permet d'éviter, *via* le pouvoir discrétionnaire et hiérarchique du régulateur, les comportements opportunistes engendrés par la présence d'actifs spécifiques et la gouvernance contractuelle de long terme tout en assurant l'ajustement aux aléas résultant de la forte incertitude environnementale. La structure de gouvernance réglementée combine alors les avantages de l'incomplétude contractuelle, à savoir la flexibilité, tout en évitant ses inconvénients, *i.e.* l'opportunisme *ex post*. L'action du régulateur public est donc perçue comme un mécanisme de garanties contractuelles *ex post* nécessaire dès lors que les actifs impliqués dans la production des services sont spécifiques et que ces services sont complexes, *i.e.* que leur nature et leur évolution sont difficilement contractualisables.

Comme nous venons de le voir, la théorie des coûts de transaction avance des propositions sur les modes d'organisation et le *design* des contrats efficaces à la fois pour les transactions privées et publiques. Mais ce n'est pas tant la diversité des questions abordées à travers ces propositions que le fait qu'elles aient donné lieu à un grand nombre de tests empiriques qui confère à la théorie des coûts de transaction tout son intérêt.

# IV / L'épreuve des faits

Dans son article de 1960, Coase affirme que, en l'absence de coûts de transaction, tous les gains potentiels des échanges seraient effectivement réalisés au travers de négociations privées entre les agents. En d'autres termes, sans coûts de transaction, les arrangements organisationnels que sont la firme ou les formes hybrides n'ont pas lieu d'être. La notion de coûts de transaction est donc placée au cœur de l'analyse des arrangements organisationnels alternatifs. Cependant, tels qu'ils sont définis, les coûts de transaction sont des coûts d'opportunité mesurant un écart entre une situation idéale (*i.e.* l'univers économique à information parfaite et avenir certain) dans laquelle les coûts de coordination sont nuls et le monde tel qu'il est [Goldberg, 1985]. Ils sont donc difficilement mesurables. Comment démontrer alors qu'une forme organisationnelle ou que le choix d'un type de contrat économise les coûts de transaction si l'on ne peut mesurer ces derniers ? De plus, même dans le cas où il serait possible de mesurer de tels coûts, comment affirmer que les choix effectués par les agents le sont bien dans un souci d'économie des coûts de transaction, alors qu'il n'est pas possible de connaître le niveau des coûts de transaction associés à une forme non choisie ?

Même si des difficultés subsistent, « les progrès dans les applications et les tests de la théorie des coûts de transaction sont phénoménaux » [Williamson et Masten, 1995, p. xi]. Les travaux empiriques effectués dans le cadre de la théorie des coûts de transaction sont « bien plus satisfaisants que la plupart des travaux empiriques menés en organisation industrielle plus généralement » [Joskow, 1988b].

L'objet de ce chapitre est de montrer que des tests empiriques rigoureux sont possibles et ont été effectués dans de nombreux domaines d'activité grâce à l'opérationnalisation du concept de coûts de transaction réalisée par Williamson.

## Les tests

La vision de Simon selon laquelle adhérer aux propositions de la théorie des coûts de transaction et, plus largement, à celles de la nouvelle économie institutionnelle, représente des « actes de foi, ou peut-être de piété » [Simon, 1991, p. 27] est aujourd'hui largement minoritaire [Kreps, 1996 ; Masten, 2000]. Au regard du nombre d'études empiriques sur les problèmes d'intégration verticale, cette affirmation est en effet incorrecte. Comme nous l'avons déjà noté, dans leur revue des tests de la théorie, Macher et Richman [2006] recensent ainsi plus de neuf cents études empiriques des propositions dérivées de la théorie des coûts de transaction. La majorité forme des études de cas, qui présentent l'intérêt de fournir au chercheur une analyse très détaillée des mécanismes à l'œuvre dans l'explication des choix organisationnels. Néanmoins, si les études de cas sont primordiales et incontournables dès lors qu'elles réfutent des propositions théoriques, elles ont un caractère moins probant lorsqu'elles corroborent ces propositions comme c'est le cas dans leur très grande majorité. C'est pourquoi nous nous focaliserons dans ce chapitre essentiellement sur les tests économétriques de la théorie.

### *La forme des tests empiriques*

La majorité des tests empiriques de la théorie des coûts de transaction consiste à soumettre à l'épreuve des faits des variantes de l'hypothèse d'alignement discriminant que nous avons exposée plus haut. Le mode d'organisation ou de contractualisation est la variable dépendante tandis que les caractéristiques des transactions constituent, avec d'autres variables de contrôle, les variables explicatives. Les tests réalisés représentent généralement la décision d'intégration ou celle d'un choix contractuel par rapport à un autre (par exemple, le choix de clauses monétaires incitatives *versus* des clauses monétaires non incitatives) comme le résultat d'un arbitrage de la forme :

$$G^* = \begin{cases} G^M, \text{ si } V^M > V^a \\ G^a, \text{ si } V^M \leq V^a. \end{cases} \quad (1)$$

Si l'on se focalise dans un premier temps sur la décision d'intégration, alors $G^M$ représente la décision de passer par le marché, alors que $G^a$ représente la décision d'intégrer verticalement la transaction. $V^M$ et $V^a$ représentent les croyances des contractants quant à la valeur engendrée par la transaction selon que l'on recourt au marché ou à l'intégration. $G^*$ est la structure de gouvernance choisie (pour des développements, voir Masten, Meehan et Snyder [1991] ; Masten et Saussier [2000] ; Fares et Saussier [2001]).

Parce que les coûts de transaction sont difficilement observables, la théorie des coûts de transaction précise les sources des coûts de transaction. C'est le point central de la théorie proposée par Williamson. La source des coûts de transaction se trouve dans les caractéristiques de la transaction.

La décision d'intégration peut alors être affinée de la manière suivante :

$$V^M = V^M (X, e_c) \quad (2)$$
$$V^a = V^a (X, e_a) \quad (3)$$

où X représente un vecteur de caractéristiques des transactions qui affectent les gains liés au recours au marché ou à l'intégration verticale (*i.e.* qui affectent le niveau des coûts de transaction). On suppose généralement que les caractéristiques des transactions qui affectent les coûts de transaction en interne sont les mêmes qui affectent le niveau des coûts de transaction sur le marché [Williamson 1971, 1996]. Certains tests dérogent à cette règle (voir notamment Masten, Meehan et Snyder [1991]). $e_c$ et $e_a$ sont les termes d'erreur qui reflètent la possible omission de variables dans l'analyse ou les erreurs de perception des agents concernant la véritable valeur de $V^M$ et $V^a$. Généralement, les études empiriques sur le sujet supposent une relation linéaire de la forme :

$$V^M = \lambda X + e_c \quad (2')$$
$$V^a = \alpha X + e_a \quad (3').$$

On peut alors représenter la probabilité de passer par le marché de la manière suivante :

$$\Pr(G^* = G^M) = \Pr(V^M > V^a) = \Pr(e_a\text{-}e_c < [\lambda - \alpha]X) \qquad (4).$$

Les deux caractéristiques essentielles retenues par la théorie des coûts de transaction sont l'incertitude et le niveau de spécificité des actifs impliqués dans les transactions.

### *Les stratégies de collecte des données*

La force de la théorie des coûts de transaction est de ne pas fonder ses propositions directement sur le niveau des coûts de transaction et de production, très difficilement comparables d'une structure de gouvernance à une autre. Les caractéristiques des transactions, à la source des coûts de transaction, sont à la base des propositions testables de la théorie.

Mais le problème lié à la difficulté de tester les propositions de la théorie est-il réglé dès lors que l'on cherche à apprécier les coûts de transaction indirectement au travers des caractéristiques des transactions que l'on étudie ? En réalité, des difficultés persistent car les caractéristiques retenues par la théorie ne sont pas aisément observables, essentiellement pour deux raisons.

Tout d'abord, les données nécessaires à l'étude des formes de gouvernance des transactions sont difficilement accessibles (les variables expliquées du modèle). Il n'existe pas, à notre connaissance, de bases de données complètes et publiques informant le chercheur sur les niveaux d'incertitude, de complexité et de spécificité des actifs liés à une transaction. Les informations concernant les arrangements contractuels et la structure de gouvernance elle-même sont souvent confidentielles. Comment savoir si la transaction retenue est encadrée par un contrat de court terme, de long terme, renégociable, non renégociable, etc. ? Le chercheur doit généralement construire de toutes pièces la base de données qui va lui servir pour son étude.

Ensuite, même en supposant que les problèmes de confidentialité soient réglés, le chercheur, pour construire sa base de données, est confronté aux problèmes de mesure des caractéristiques de la transaction. Comment mettre au point des indicateurs fiables des différents types de spécificité des actifs ? Comment rendre compte de l'incertitude entourant la transaction ? Quelle est l'information que doit collecter le chercheur ?

## Coûts de transaction et durée des contrats

Un des premiers articles proposant un test économétrique des propositions de la théorie des coûts de transaction est celui de Joskow en 1987 (voir aussi Masten et Crocker [1985], Monteverde et Teece [1982a, 1982b] pour quelques tests préexistants). À partir d'informations concernant 277 contrats d'achat de charbon signés aux États-Unis entre des centrales électriques et des mines de charbon, l'auteur se propose de tester la proposition selon laquelle la durée des contrats est positivement affectée par le montant des investissements spécifiques mis en jeu par les parties dans la relation contractuelle. Pour réaliser ce test, peu d'informations sont disponibles. Les contrats, dans leur totalité, ne sont pas accessibles à l'auteur. Néanmoins, la durée de ces contrats est connue, ainsi que l'identité des contractants.

L'équation testée par Joskow est la suivante :

$$Duration_i = a_0 + b_1 QUANTITY + b_2 QUANTITY^2 + b_3 MINE\_MOUTH + b_4 MIDWEST + b_5 WEST + u_i$$

Le choix des variables proxies utilisées est astucieux. Tout d'abord, l'auteur remarque que les investissements spécifiques qui ne seraient pas redéployables à cause de la taille du marché (*i.e.* les actifs dédiés) sont une fonction croissante de l'importance du contrat signé, c'est-à-dire de la quantité de charbon contractualisée ici (QUANTITY). La mise au carré de la variable quantité permet d'introduire un effet non linéaire de cette variable explicative sur la durée. Joskow s'attend donc à trouver un coefficient $b_1 > 0$. La théorie ne permet pas de faire de propositions précises sur le signe de $b_2$. En ce qui concerne les investissements de site, non redéployables sans coûts élevés à cause de leur localisation géographique, l'auteur fait l'hypothèse raisonnable qu'ils ont plus de chances d'être présents lorsque la mine et la centrale sont côte à côte (variable MINE_MOUTH). On s'attend donc à un coefficient $b_3 > 0$. Enfin, l'auteur remarque que, selon le

Les chercheurs ont contourné ces difficultés de différentes manières, avec des stratégies originales de collecte des données (voir l'exemple de Joskow [1987] présenté en encadré).

Les problèmes relatifs au caractère confidentiel des données nécessaires n'ont que très rarement pu être surmontés. Coase ira jusqu'à dire que c'est là l'obstacle principal auquel les chercheurs se heurtent en organisation industrielle [Coase, 1992]. Malgré tout, quelques études ont pu bénéficier du caractère public de certains contrats [Joskow, 1985, 1987, 1988a, 1990 ; Mulherin, 1986 ; Crocker et Masten, 1991 ; Masten et Crocker, 1985 ; Ménard et Saussier, 2000, 2003 ; Huet et Saussier, 2003 ; Yvrande-Billon, 2003]. C'est ainsi que les études de Joskow, qui portent sur plus de 270 contrats, ont été facilitées par la réglementation américaine qui rendait publique une partie de lieu où le contrat est signé (l'Est, l'Ouest ou le Centre des États-Unis), les moyens de transport alternatifs, la qualité du charbon et l'activité du marché « spot » de charbon ne sont pas équivalents. L'Est des États-Unis est clairement la zone géographique qui cumule les avantages : il existe de nombreuses alternatives de transport en cas de problème avec un contractant ; la qualité du charbon est uniforme et le marché « spot » est très actif. En d'autres termes, il est aisé pour les contractants de changer de partenaires, ce qui rend peu spécifiques les investissements réalisés. L'Ouest des États-Unis est la zone géographique la plus éloignée de ces conditions idéales (WEST). Le centre est dans une situation intermédiaire (MIDWEST). Joskow s'attend donc à trouver des coefficients $b_4 > 0$ et $b_5 > 0$ avec, de plus, $b_5 > b_4$.

Sans entrer dans les détails techniques de l'estimation, l'auteur propose plusieurs spécifications économétriques (log-log, semi-log), ajoute des variables dichotomiques pour tenir compte de la date de signature des contrats, propose une estimation par le maximum de vraisemblance pour traiter du biais lié au fait que, mécaniquement, les contrats les plus longs sont aussi les plus représentés dans l'échantillon et traite de la possible endogénéité des quantités signées dans les contrats au travers d'une estimation par les doubles moindres carrés.

Le point remarquable de cette étude est la manière astucieuse dont l'auteur utilise le peu de données en sa possession pour construire des variables approximant au mieux les actifs spécifiques en jeu. De plus, les résultats laissent apparaître que les propositions de la théorie des coûts de transaction sont corroborées. Ainsi, les contrats signés entre une centrale électrique et une mine côte à côte ont une durée de douze ans supérieure aux autres contrats de l'échantillon. Les contrats signés dans le Centre des États-Unis ont une durée de 3,5 années supérieure à ceux qui sont signés à l'Est. Ceux qui sont signés dans l'Ouest, une durée supérieure de onze années.

l'information contenue dans les contrats d'achat de charbon par les centrales électriques américaines afin de vérifier leur caractère concurrentiel (voir encadré). D'autres études ont été rendues possibles par des clauses de confidentialité interdisant au chercheur de dévoiler l'origine ou le contenu précis des données [Saussier, 1999, 2000a ; Athias et Saussier, 2007]. Cependant, rares sont les études où le chercheur a en main les contrats. Grâce au programme de collecte de contrats engagé depuis 1996 par le Ronald Coase Institute, plus de 160 000 contrats sont maintenant accessibles (www.coase.org), ce qui devrait faciliter les travaux empiriques.

Les problèmes de quantification des caractéristiques des transactions ont quant à eux pu être réglés grâce à des mesures directes et indirectes des caractéristiques clefs repérées par Williamson.

**Les mesures directes.** — La mise au point de questionnaires remplis par les personnes connaissant les transactions étudiées a permis d'apprécier les caractéristiques des transactions de manière directe. Ce type de collecte des données est de loin celui qui est le plus utilisé dans les tests qui ont été effectués jusqu'ici. On laisse alors la possibilité aux personnes interrogées de répondre sur une échelle de valeurs (sur une échelle de Likert allant de 1 à 5, par exemple). Ainsi, dans l'étude de Masten, Meehan et Snyder [1991], il était demandé aux managers connaissant les transactions étudiées d'évaluer entre 1 et 10 le degré de spécificité des connaissances des travailleurs (spécificité des actifs humains), la complexité de la transaction, le degré de spécificité physique des équipements, etc. On peut aussi imaginer des systèmes plus complexes d'évaluation des caractéristiques de la transaction, avec plusieurs questions que l'on conjugue pour déterminer une même caractéristique [Anderson et Schmittlein, 1984 ; Walker et Poppo, 1991].

**Les mesures indirectes.** — Le repérage de variables instrumentales a permis d'apprécier les caractéristiques des transactions de manière indirecte (voir tableau 3).

La caractéristique d'incertitude a également fait l'objet de mesures indirectes mais les études incorporant cette dimension de la transaction sont moins nombreuses. Les mesures du degré d'incertitude de l'environnement des transactions qui ont été utilisées sont par exemple les variations de la demande ou du volume des ventes [Walker et Weber, 1984, 1987 ; Levy, 1985], la probabilité de changement technologique ou la fréquence des modifications de spécification des produits [Balakrishnan et Wernefelt, 1986 ; Crocker et Reynolds, 1993]. L'incertitude concernant les comportements des agents a, quant à elle, été appréhendée par la variation de performances des partenaires à l'échange [Anderson, 1985 ; Stump et Heide, 1996].

Nous présentons dans le tableau 3 quelques exemples de mesures, directes et indirectes, de la caractéristique des transactions ayant reçu le plus d'attention dans les études empiriques : la spécificité des actifs.

Tableau 3. **Quelques exemples de mesures de la spécificité des transactions**

| Type de spécificité analysé | Exemples de mesures de la spécificité | Références |
|---|---|---|
| De site | Proximité géographique des firmes contractantes | Joskow [1987] ; Gonzáles-Diaz, Arruñada et Fernández [2000] |
| Physique | Complexité du produit | Masten [1984] |
| Dédiée | Quantités contractualisées | Joskow [1987] ; Saussier [1999, 2000a] |
| Humaine | Investissements en R&D<br>Degré de spécialisation du capital humain d'après enquête | Pisano [1990]<br>Monteverde et Teece [1982a] ; Masters et Miles [2002] |
| Temporelle | Nature séquentielle des activités | Masten, Meehan et Snyder [1991] ; Pirrong [1993] |
| De marque | Investissements dans l'image de marque<br>Différence entre la valeur de marché et la valeur comptable des actions d'un franchiseur | Regan [1997]<br>Minkler et Park [1994] |

## Les résultats

Nous présentons dans cette section les résultats des tests usuels des propositions de la théorie en distinguant les résultats concernant la décision d'intégration verticale, les choix contractuels et les modes de gestion des services publics.

### *Les déterminants de l'intégration verticale*

La littérature empirique qui cherche à tester les prédictions de la théorie des coûts de transaction met en évidence la préférence des agents pour l'intégration verticale lorsque la spécificité des actifs augmente. Il s'agit là d'une proposition très largement testée et presque toujours corroborée (voir Klein [2005] pour une revue complète de la littérature empirique sur ce sujet).

Les premières études empiriques portant sur le sujet datent du début des années 1980 et traitent essentiellement la question de l'approvisionnement des firmes. Sans chercher l'exhaustivité, on peut citer les études de Monteverde et Teece [1982a, 1982b] sur le secteur de l'automobile et de Masten [1984] sur le secteur de l'aéronautique. Dans les deux cas, les auteurs cherchent à estimer les déterminants de la probabilité d'intégrer la production de certains composants. Les variables mesurant la spécificité physique et temporelle de ces composants sont construites à partir de notations effectuées par des ingénieurs. Ces deux études mettent en évidence l'impact positif de la spécificité des actifs sur la décision d'intégrer la production. Ces résultats se trouvent confortés dans la majorité des études empiriques ultérieures sur le sujet, qu'elles portent sur l'intégration en amont ou sur l'intégration en aval du marketing et de la distribution. Par exemple, Anderson et Schmittlein [1984] étudient la décision d'intégrer ou non la force de vente dans l'industrie des composants électroniques. Ils trouvent une corrélation positive entre la décision d'intégration et un indice de spécificité des actifs humains construit à partir d'une évaluation du temps de formation nécessaire pour qu'un nouveau vendeur devienne familier de la gamme de produits qu'il doit vendre. Plus récemment, Minkler et Park [1994] étudient l'organisation des réseaux de franchise dans la restauration et les hôtels aux États-Unis. Ils montrent que la proportion d'hôtels-restaurants détenus par le franchiseur est positivement liée aux actifs spécifiques de marque approximés par la différence entre la valeur de marché et la valeur comptable du réseau. L'intégration verticale permettrait donc de protéger ces investissements (voir aussi Lafontaine et Shaw [2005] qui arrivent à ce même résultat).

Un second résultat, moins fortement établi, met en évidence le rôle de l'incertitude et de la complexité des transactions dans la décision d'intégrer verticalement une transaction. Rappelons que, théoriquement, le rôle de l'incertitude sur les décisions d'intégration est limité aux cas où la transaction nécessite des investissements spécifiques importants puisque, sans investissements spécifiques, il n'y a pas de quasi-rente et donc aucune difficulté à passer par le marché [Klein, 1988]. Ce second résultat est cependant plus fragile dans la mesure où il est difficile de mesurer précisément un « niveau d'incertitude » des transactions. Il faut de plus, pour le chercheur, trouver une variable reflétant l'incertitude qui ne peut être incorporée (et est donc inconnue des contractants) dans le contrat, sinon les partenaires peuvent établir contractuellement les solutions à mettre en place *ex post*, lorsque l'incertitude est levée. C'est pourquoi très peu d'études empiriques ont véritablement testé la proposition de la théorie relative à l'incertitude. S'il existe un nombre important de travaux mesurant l'impact de l'incertitude sur la probabilité d'intégration, il n'y a en effet que quelques études qui évaluent l'effet croisé de l'incertitude et de la spécificité. On peut néanmoins citer l'article d'Anderson et Schmittlein [1984] sur l'industrie des composants électroniques ou celui de Coles et Hesterly [1998] sur le secteur hospitalier. Tous deux trouvent que des transactions impliquant des actifs spécifiques et empreintes d'incertitude sont plus probablement intégrées.

Enfin, le rôle de la fréquence des transactions sur la décision d'intégration n'a que très rarement été testé et, lorsqu'il l'est, c'est le plus souvent sans succès [Carter et Hodgson, 2006].

La spécificité des actifs, qui est la pièce centrale de la théorie des coûts de transaction, apparaît donc aussi comme l'élément prépondérant dans la compréhension empirique de la décision pour une firme d'intégrer une activité.

### *Les choix contractuels*

Une part importante des recherches empiriques en théorie des coûts de transaction porte sur la structure et la durée des relations contractuelles. Des revues extensives de cette littérature ont déjà été réalisées par Lyons [1996] et Masten et Saussier [2000].

**La durée des contrats.** — La durée est une dimension importante des contrats car elle reflète en partie l'engagement des contractants. Les études empiriques montrent que la durée des contrats est positivement affectée par le niveau de spécificité et le montant des actifs mis en œuvre par les parties pour réaliser la transaction [Joskow, 1987 ; Masten et Crocker, 1985 ; Saussier, 1998, 1999 ; Kerkvliet et Shogren, 2001 ; Chong et Huet, 2006]. La théorie des coûts de transaction suggère que l'allongement de la durée des contrats permet aux contractants de se protéger contre d'éventuels comportements opportunistes en réduisant les renégociations, qui seraient plus fréquentes si la relation contractuelle était réalisée au travers d'une suite de contrats de court terme (voir Masten et Crocker [1985] pour une modélisation de ce problème). Ainsi, Joskow [1987], dans son étude sur la durée des contrats d'achat de charbon par les centrales électriques aux États-Unis, montre que la durée des contrats varie sensiblement avec la spécificité des investissements impliqués. Par exemple, les contrats signés entre une centrale et une mine de charbon situées côte à côte (ce qui implique le développement d'actifs spécifiques de site) ont une durée moyenne supérieure de douze années aux autres contrats, toutes choses égales par ailleurs (pour plus de précision, voir l'encadré sur cette étude p. 62).

Ces études, lorsqu'elles tentent de tenir compte du caractère plus ou moins incertain de la transaction, mettent aussi en évidence une réduction de la durée des contrats avec l'augmentation de l'incertitude. Le besoin de flexibilité et le risque de devoir respecter un contrat inadapté poussent les agents à réduire la durée de contractualisation. Ainsi, dans une étude concernant les relations contractuelles entre EDF et des transporteurs de charbon par voie d'eau en France, Saussier [1998] montre que le fait que les contrats soient signés lors d'une période incertaine réduit leur durée d'environ dix mois, les contrats pouvant aller jusqu'à une durée de dix ans. Crocker et Masten [1988], dans leur étude concernant 245 contrats de gaz naturel canadien, observent eux aussi une réduction de la durée des contrats (d'environ trois années) dans ce cas de figure.

**Les clauses monétaires.** — Les clauses monétaires constituent une autre dimension cruciale des contrats, en ce sens qu'elles précisent le partage du surplus entre les contractants et qu'elles peuvent permettre d'engendrer des incitations bénéfiques à la réalisation du contrat. Les études empiriques mettent en évidence que les clauses concernant les prix sont plus simples, moins flexibles et moins sujettes à renégociation lorsque le contrat est de court terme [Joskow, 1988a ; Crocker et Masten, 1991 ; Crocker et Reynolds, 1993 ; Athias et Saussier, 2007]. Avec l'augmentation de la durée des contrats et de l'incertitude concernant les transactions, les clauses de prix deviennent plus complexes et doivent notamment incorporer des formules d'indexation et être complétées par des clauses de renégociation. Ces résultats se trouvent corroborés dans plusieurs secteurs d'activités (les contrats d'approvisionnement en charbon [Joskow 1988a, 1990], les contrats gaziers [Crocker et Masten, 1991], les contrats d'armement américains [Crocker et Reynolds, 1993], les contrats de transport de charbon [Saussier, 2000] et les contrats d'infrastructure [Athias et Saussier, 2007]).

**Le niveau d'incomplétude des contrats.** — L'analyse de la durée des contrats et des clauses monétaires est corrélée à la volonté des parties de se « lier les mains » afin d'éviter de futures renégociations susceptibles de donner lieu à des comportements opportunistes. Certaines études ont tenté de traiter ce problème dans sa globalité en ne considérant pas une dimension unique des contrats mais le niveau de complétude ou de rigidité du contrat dans son ensemble. Bien que la théorie des coûts de transaction considère que tous les contrats sont nécessairement incomplets, elle n'en exclut pas pour autant qu'ils aient des degrés de spécification des contingences différents. Les études empiriques concernant le niveau de rigidité des contrats [Goldberg et Erickson, 1987 ; Crocker et Reynolds, 1993 ; Saussier, 2000a ; Athias et Saussier, 2007] suggèrent que plus les transactions nécessitent des actifs spécifiques importants, plus les contrats signés sont complets, en ce sens que les contractants cherchent à préciser au maximum les devoirs et obligations des parties selon les états de la nature. Cela s'explique alors essentiellement parce que le gain marginal à écrire un contrat plus complet augmente avec la spécificité des actifs — les contractants ont besoin de sécurité face à de possibles comportements opportunistes pour s'approprier la quasi-rente engendrée par les actifs spécifiques.

Mais ces études suggèrent aussi que plus l'environnement est incertain, plus les parties renoncent à des termes contractuels précis et faciles à exécuter, pour passer à des clauses plus floues mais aussi plus flexibles, qui précisent de manière non exhaustive les devoirs de chacune des parties en établissant également des procédures d'ajustement. Cela s'explique alors essentiellement parce que le coût marginal d'un contrat plus complet augmente avec le niveau d'incertitude — les contractants ont des difficultés à anticiper les contingences futures et à planifier *ex ante* les décisions à prendre *ex post*.

**La cohérence interne des contrats.** — Les tests concernant les choix contractuels sont peu nombreux au regard du nombre de tests empiriques concernant le problème de l'intégration verticale. Ils sont, de plus, partiels dans la mesure où ce sont le plus souvent des formes réduites qui sont estimées, dans lesquelles une ou deux dimensions des contrats sont analysées toutes choses égales par ailleurs. La forme du contrat dans sa totalité n'est que rarement testée, ce qui pose des problèmes d'estimation, spécialement si l'on considère que les clauses contractuelles étudiées sont complémentaires ou substituables à d'autres clauses qui ne sont pas prises en compte dans l'analyse économétrique [Holmström et Milgrom, 1994 ; Masten, 2000 ; Masten et Saussier, 2000]. Néanmoins, quelques études récentes tentent d'analyser la cohérence interne des contrats, notamment en cherchant à mettre en évidence le caractère complémentaire ou substituable des dimensions contractuelles formelles et informelles [Poppo et Zenger, 2002 ; Corts et Singh, 2004]. Ainsi, dans leur étude sur les compagnies pétrolières, Corts et Singh trouvent que la fréquence des contrats signés entre deux mêmes contractants réduit la probabilité d'utiliser des contrats incitatifs à prix fixes. Dans une étude portant sur les contrats concernant les systèmes d'information des entreprises américaines, Poppo et Zenger [1998] montrent quant à eux que les dimensions formelles (clauses contractuelles précises et rigides) et informelles (répétition des contrats, réputation) de ces contrats sont complémentaires et non substituables.

Ces travaux qui commencent à voir le jour devraient se développer et constituent un axe de recherche majeur pour la théorie des coûts de transaction, en ce sens qu'ils étudient la structure de gouvernance des transactions dans son intégralité et pas seulement la partie explicite que constituent les contrats. Ces travaux se rapprochent donc de la définition des structures de gouvernance proposée par la théorie et donnent des indications importantes sur la manière dont les dimensions informelles des contrats peuvent compléter les contrats formels [Lafontaine et Raynaud, 2002].

*Les modes de gestion des services publics*

Les propositions de la théorie des coûts de transaction relatives aux modes de gestion des services publics ont également fait l'objet de plusieurs tests empiriques.

Une première série de travaux cherche à évaluer dans quelle mesure le recours à l'appel d'offres pour attribuer des contrats de délégation de services publics se heurte dans la pratique aux difficultés mises en évidence par Williamson et Goldberg dans leurs articles de 1976. Prolongeant l'étude de cas réalisée par Williamson [1976], ces tests économétriques portent sur l'expérience américaine d'attribution de droits exclusifs d'installation et d'exploitation de systèmes de télévision par câble dans les années 1970. Ils cherchent à mesurer le degré d'opportunisme des opérateurs au cours de la relation contractuelle [Prager, 1989, 1990 ; Zupan, 1989a] et lors de la réattribution des contrats [Zupan, 1989b, 1989c]. Bien que s'appuyant sur des bases de données différentes, ces travaux aboutissent tous à des résultats qui ne corroborent pas les propositions de Williamson. En effet, ces tests révèlent que les opérateurs n'ont pas tendance à revenir sur leurs engagements ni à renégocier leur contrat une fois l'appel d'offres remporté. Ils montrent également que le manque de parité entre les opérateurs en place et les nouveaux entrants au stade de renouvellement des contrats, bien qu'avéré, ne se traduit pas par une renégociation des termes du contrat initial à l'avantage de l'opérateur en place. Ces travaux dressent donc un bilan positif du recours à des mécanismes de marché pour coordonner la production de services publics. Ils étayent par conséquent davantage la thèse de Demsetz [1968] que celle de Williamson [1976]. Ceci étant, le fait qu'ils portent sur un secteur dans un seul contexte institutionnel (celui des États-Unis) limite la portée des résultats obtenus. Par ailleurs, une étude plus récente des appels d'offres pour les contrats de maintenance des autoroutes aux États-Unis [Bajari, Houghton et Tadelis, 2006] a montré que l'incomplétude contractuelle était exploitée par les candidats en amont de la relation contractuelle, dans leurs stratégies d'enchères. De plus, ces études estiment l'efficacité du mécanisme d'appel d'offres en termes absolus alors que la question centrale, d'après la théorie des coûts de transaction, est de savoir dans quelles circonstances ce mécanisme de coordination est plus efficace que la réglementation ou la gestion directe.

Les travaux plus récents sur la gouvernance des services publics répondent à cette critique puisqu'ils analysent des modes alternatifs de gestion des services publics. Ces études s'attachent à expliquer les déterminants des choix des décideurs publics, à en vérifier la conformité avec les principes de la théorie des coûts de transaction et parfois à en mesurer l'impact sur les performances [Ménard et Saussier, 2000 ; Affuso et Newbery, 2002 ; Yvrande-Billon, 2003 ; Chong *et al.*, 2006 ; Levin et Tadelis, 2004]. Ménard et Saussier [2000] par exemple montrent que la probabilité qu'une commune choisisse de confier la production de services d'eau potable à une régie (plutôt qu'à un délégataire privé sous contrat) augmente avec la taille des investissements à réaliser et avec la variabilité de la qualité de l'eau. De plus, dans une étude ultérieure sur plus de 5 000 communes portant toujours sur le secteur de l'eau, Chong *et al.* [2006] mettent l'accent sur le fait que le choix du mode de gestion n'est pas neutre sur le prix final du service payé par le consommateur. De la même manière, dans une étude portant sur une soixantaine de services communaux allant du transport urbain à la sécurité en passant par les services de santé, Levin et Tadelis [2004] trouvent que la décision d'internaliser la production d'un service est positivement corrélée aux difficultés à contractualiser ce service.

Cette dernière catégorie de travaux empiriques confirme la pertinence des arguments de la théorie des coûts de transaction lorsqu'il s'agit d'expliquer les choix organisationnels des décideurs publics. Il est donc surprenant de constater que la gouvernance des services publics ait fait l'objet d'un si petit nombre d'études appliquées alors même que la question de l'organisation de la production de ces services est au cœur de nombreux débats depuis deux décennies. Si l'on en croit la multiplication de ces études au cours de la période récente et les développements théoriques prometteurs réalisés sur ce thème (voir encadré), il y a cependant fort à parier que l'efficacité des modes de gestion alternatifs des services publics suscite un nombre croissant d'analyses empiriques dans un futur proche [Williamson, 1999b].

### Type de contrat et mode d'attribution : les travaux de P. Bajari et S. Tadelis

Dans les études empiriques de la théorie des coûts de transaction portant sur la gouvernance des services publics, la question de l'efficacité de l'appel d'offres concurrentiel et celle des déterminants des choix contractuels sont analysées séparément. Une série de travaux récents [Bajari et Tadelis, 2001 ; Bajari, McMillan et Tadelis, 2003] cherche cependant à réconcilier les deux thématiques en établissant une correspondance entre type de contrat et mécanisme d'attribution. La partie empirique de ces études porte sur le secteur privé de la construction en Californie du Nord, mais le modèle théorique développé et les résultats obtenus peuvent facilement être transposés aux transactions de fourniture de biens et services publics.

Les auteurs modélisent dans un premier temps l'arbitrage entre incitation et adaptation qu'effectue un acheteur lorsque la description d'un projet de construction est coûteuse et que la renégociation *ex post* de ses caractéristiques est source d'opportunisme [Bajari et Tadelis, 2001]. Deux types de contrats sont analysés : les contrats à prix fixe, qui définissent *ex ante* le montant de la rémunération forfaitaire qui sera versée au fournisseur pour la réalisation de l'ouvrage, et les contrats à marge fixe, ou contrats à coûts remboursés (contrats *cost-plus*), qui précisent que le fournisseur se verra remboursé de ses coûts plus une marge déterminée dans le contrat *ex ante*. Le modèle et les résultats des tests économétriques montrent que les contrats à prix fixe fournissent de fortes incitations à réduire les coûts mais se prêtent mal à des changements *ex post* alors que les contrats à marge fixe facilitent l'adaptation aux aléas mais sont faiblement incitatifs. Cela amène les auteurs à conclure qu'il est plus judicieux de choisir des contrats à prix fixe pour des projets simples et sujets à peu d'aléas tandis que les contrats à marge fixe sont recommandés lorsque les projets sont complexes et sujets à une forte incertitude.

Dans la deuxième phase de leurs travaux [Bajari, McMillan et Tadelis, 2003], ils montrent que le choix du mode de sélection du fournisseur est conditionné par le type de contrat que l'acheteur décide de signer. Plus précisément, avec des contrats à prix fixe, un appel d'offres concurrentiel peut facilement être utilisé alors que, pour des contrats à marge fixe la négociation, apparaît plus recommandée. Il est alors possible d'établir une correspondance entre caractéristiques des transactions (degré de complexité et d'incertitude), forme du contrat (prix ou marge fixe) et mécanisme d'attribution (négociation ou appel d'offres).

## Les limites des tests usuels

Quelques difficultés persistent, qui ne sont pas propres à la théorie des coûts de transaction mais qui sont bien souvent présentes dans tous les domaines de l'économie qui se prêtent à vérification empirique. Ces difficultés ne remettent pas en cause les régularités empiriques qui ont pu être mises en évidence jusqu'ici. Néanmoins, elles obligent à s'interroger sur les méthodes utilisées, notamment au niveau de la collecte des données, afin d'arriver à des tests empiriques plus probants. Elles interrogent aussi le chercheur sur le type de test à mener.

### *Les problèmes de mesure*

Tout d'abord, l'appréciation des caractéristiques des transactions qui se fait bien souvent au travers de questionnaires pose un problème de qualité des réponses ainsi obtenues. Comment s'assurer de leur qualité et de leur homogénéité ? Généralement, ces questionnaires sont remplis par des personnes différentes (chacune concernée par des transactions différentes) et il est difficile de contrôler les écarts d'appréciation qui peuvent exister entre elles. Comme le souligne Masten, les corrélations des réponses aux questions sur la spécificité des actifs utilisés dans la construction navale de deux experts du domaine montrent que les répondants ont souvent de fortes difficultés à discerner le niveau de spécificité des actifs impliqués dans les transactions [Masten, 1995, p. 48-49]. Ceci est encore plus vrai dans les comparaisons internationales où les questionnaires sont remplis par des correspondants de nationalités différentes et où généralement le chercheur ne peut corriger les biais possibles en interrogeant les répondants. De plus, comment s'assurer de la bonne compréhension de la question par ceux qui doivent y répondre ? Cette préoccupation peut paraître surprenante et appeler une réponse simple : en posant une question claire. Mais à la question : « Noter de 1 à 10 si le degré auquel les connaissances des travailleurs sont spécifiques à la transaction concernée », la personne peut noter 10 la prestation d'un travailleur dont la tâche est de remplir les réservoirs d'un avion et 10 la prestation d'un travailleur dont la tâche est de piloter l'avion. Or il est clair que si ces deux types de connaissances ne sont pas redéployables (notées 10), il y en a une qui demande un temps d'apprentissage bien plus élevé que l'autre et qui suppose donc un investissement spécifique humain beaucoup plus fort. Cette subtilité n'est pas aisément compréhensible au travers d'une seule question. La solution peut être alors de décliner la question en plusieurs sous-questions. Mais alors les questionnaires deviennent très vite trop longs et trop complexes pour les personnes susceptibles de les compléter (les taux de réponse à des questionnaires simples sont de l'ordre de 5 à 15 %).

La mesure indirecte des caractéristiques des transactions quant à elle n'apprécie qu'avec erreur les éléments pertinents pour l'analyse du choix des structures de gouvernance. Que l'on pense à l'étude de Joskow où les actifs spécifiques de site sont appréciés avec une variable dichotomique prenant la valeur 1 si la centrale électrique concernée par le contrat se trouve à côté de son fournisseur de charbon et 0 sinon. Alors, que la centrale investisse 10 000 euros ou 100 000 euros, la variable appréciant ce phénomène prendra dans les deux cas la valeur 1. Bien sûr, si l'on connaissait les montants investis, on ne choisirait pas une variable dichotomique. Mais cela montre bien les difficultés qui existent lorsque l'on essaie d'apprécier les caractéristiques des transactions. Or il est capital de les apprécier de manière correcte. C'est à cette condition que la théorie est testable et que les tests acquièrent une réelle valeur.

### *L'exogénéité de la spécificité des actifs*

Comme nous avons pu le voir, l'hypothèse centrale retenue par la théorie des coûts de transaction est que les agents choisissent les structures de gouvernance qui encadrent les transactions en cherchant celles qui minimisent la somme des coûts de production et des coûts de transaction. Or, dans beaucoup d'études empiriques, les coûts de production ne sont pas explicitement pris en compte, ce qui revient soit à considérer la spécificité des actifs comme une donnée exogène du problème, soit à passer par des variables proxies mesurant avec imperfection la spécificité des actifs mis en œuvre pour réaliser la transaction. Pourtant, la spécificité des actifs n'est pas exogène dans le modèle de Williamson. Elle n'est recherchée que si elle engendre des économies en termes de coûts de production, ou une augmentation de la demande au travers d'une différenciation des produits. On comprend alors mieux l'affirmation plus mitigée de Williamson concernant les études empiriques cherchant à vérifier les affirmations de la théorie : « Sans aucun doute, il y a beaucoup à faire et il n'y a pas lieu d'afficher un contentement... La plupart (des études empiriques) sont des régressions dans lesquelles la spécificité des actifs (et quelquefois l'incertitude et la fréquence) sont considérées comme des variables exogènes » [Williamson, 1993c, p. 27].

Plutôt que de supposer que la spécificité des actifs est exogène et influence les choix contractuels des agents, il serait plus correct de chercher à estimer une relation plus complexe où la spécificité des actifs influencerait bien les choix contractuels des agents mais où d'autres variables exogènes influenceraient aussi le choix de la spécificité des actifs à engager dans la transaction. Une telle représentation serait plus en phase avec la proposition de la théorie qui suppose explicitement que la spécificité des actifs est une variable endogène et que les choix contractuels et la spécificité des actifs sont déterminés de manière simultanée et dépendante.

Très peu d'études à notre connaissance tentent d'apprécier les actifs spécifiques en œuvre dans la transaction pour ensuite endogénéiser ce choix [Lyons, 1995 ; Saussier, 1999, 2000a].

### *Choix organisationnels et performances*

Comme nous l'avons vu, les propositions de la théorie des coûts de transaction qui ont fait l'objet du plus grand nombre de vérifications empiriques concernent les déterminants du choix d'une structure de gouvernance particulière parmi un ensemble de structures alternatives. À partir des caractéristiques des transactions, on vérifie la cohérence des choix organisationnels des agents économiques ; autrement dit, on contrôle que l'arrangement contractuel adopté est bien celui que prédit la théorie en de telles circonstances. Si c'est le cas, c'est-à-dire si la structure est alignée avec les attributs des transactions qu'elle encadre, on déduit alors que la forme de gouvernance choisie est efficace au sens où elle minimise les coûts de transaction et de production. De la pertinence des choix, on infère donc l'efficacité des arrangements choisis sans la vérifier. Les études empiriques usuelles ne font en effet que confirmer le fait que des considérations en termes de coûts de transaction influencent les choix des agents. Mais cela ne présage pas de l'efficacité des choix effectués en conformité avec les principes de la théorie ni de l'inefficacité des choix guidés par des principes contraires [Williamson, 1985 ; Masten, 1993]. Les tests usuels des propositions de la théorie des coûts de transaction ne démontrent donc jamais directement l'incidence du choix d'une structure de gouvernance inappropriée sur les performances.

En d'autres termes, en reliant formes organisationnelles et caractéristiques des transactions, on peut passer d'une structure de gouvernance à une autre pour plusieurs raisons. Nous noterons par la suite, pour prendre un exemple plus parlant, les coûts liés à la structure de gouvernance de marché par *Gm* et ceux liés à une autre forme de gouvernance par *Go*. Pour une transaction avec des caractéristiques données, la condition nécessaire et suffisante pour passer d'une forme *Gm* à une autre est que :

$$Gm\text{-}Go > 0.$$

C'est-à-dire que ce choix reflète un désir d'économie des coûts de transaction. Mais la réduction des coûts de transaction qui s'opère par le passage d'une forme *Gm* à une forme *Go* peut avoir deux sources différentes, qui ne peuvent être explicitées par les modèles économétriques tels qu'ils sont le plus souvent développés :

1) les coûts de transaction liés au choix de la forme *Gm* peuvent avoir augmenté ;

2) ceux de la forme d'organisation alternative *Go* peuvent avoir diminué.

Quoique le résultat soit le même, à savoir une recherche d'économie des coûts de transaction, la théorie telle qu'elle est énoncée par Williamson n'est pas pour autant totalement corroborée avec ce type de test.

Pour dépasser cette limite de l'analyse transactionnelle et améliorer la mesure des performances des formes organisationnelles choisies, il faudrait pouvoir comparer les coûts associés à une structure de gouvernance particulière aux coûts associés au choix d'une structure de gouvernance alternative pour la même transaction. Les cas les plus favorables pour se livrer à cet exercice sont ceux où une intervention extérieure (par exemple une réforme) modifie l'ensemble des structures de gouvernance réalisables de manière différenciée sans changer les caractéristiques des transactions. Si des structures de gouvernance imposées sont inefficaces, elles peuvent alors servir de base de comparaison [Nickerson et Silverman, 2003 ; Yvrande-Billon et Ménard, 2005]. Cependant, lorsque l'on ne peut tirer parti de telles expériences naturelles, il est tout de même possible de mesurer l'impact des choix organisationnels sur les performances (voir encadré).

### La méthodologie des tests de performances

La méthodologie la plus simple utilisée dans les quelques travaux empiriques ayant cherché à estimer l'impact des choix organisationnels sur les performances se décompose en trois étapes. Dans un premier temps, un test économétrique « classique » des déterminants des choix organisationnels est effectué. On estime par exemple l'impact des caractéristiques des transactions (Z) sur la probabilité d'intégration verticale (G*) :

$$(1)\ G^* = \alpha Z + e.$$

La deuxième étape consiste à mesurer le degré de désalignement des structures choisies. Il s'agit d'évaluer dans quelle mesure les modes de gouvernance effectivement choisis sont conformes à ceux que prédit le modèle théorique. On calcule donc, pour chaque observation, la valeur absolue du résidu :

$$(2)\ DESALIGN = |\ G^{observé} - G^*|.$$

Ainsi, lorsque l'étude porte sur des choix organisationnels discrets, par exemple sur l'arbitrage entre « faire faire » ou « faire », $G^{observé}$ peut prendre les valeurs 0 ou 1, tandis que G* est compris entre 0 et 1 puisqu'il s'agit de la probabilité de choisir l'un de ces deux modes de gouvernance d'après les principes de la théorie. Dès lors, plus la valeur de la variable DESALIGN est proche de 0, plus la structure de gouvernance choisie est alignée avec les caractéristiques des transactions qu'elle encadre.

La dernière étape de l'analyse consiste à évaluer l'incidence du degré de désalignement sur les performances, mesurées par exemple en termes de taux de profit. Il s'agit dans ce cas d'estimer l'équation suivante :

$$(3)\ \pi = \beta DESALIGN + \gamma X + \varepsilon,$$

avec X un vecteur de variables exogènes affectant la profitabilité $\pi$.

D'autres méthodes, plus raffinées, ont été utilisées, en particulier la méthode d'Heckman, qui permet de contrôler les biais de sélection et l'endogénéité des choix organisationnels (voir Hamilton et Nickerson [2003] pour la description détaillée de cette méthode et Yvrande-Billon et Saussier [2005] pour un panorama des méthodes existantes). Mais, globalement, le raisonnement est le même que celui que nous avons décrit plus haut.

Bien que des méthodes existent pour mesurer l'efficacité transactionnelle des choix de gouvernance, les travaux empiriques cherchant à dépasser l'inférence du raisonnement qui sous-tend les tests usuels de la théorie sont peu nombreux [Yvrande-Billon et Saussier, 2005]. Quelques études ont exploré les conséquences en termes de profitabilité du choix de formes d'organisation hiérarchique alternatives [Armour et Teece, 1978 ; Steer et Cable, 1978 ; Teece, 1981]. L'article désormais classique d'Armour et Teece [1978] montre par exemple que les firmes diversifiées qui choisissent une forme multidivisionnelle sont plus performantes que celles qui optent pour d'autres formes organisationnelles, moins adaptées aux caractéristiques de leurs transactions d'après la théorie. Les travaux portant sur les relations interfirmes et tentant d'évaluer l'impact du choix d'une structure de gouvernance inadéquate sur les performances sont tout aussi rares. En outre, quelques études portent sur l'arbitrage entre différentes formes de gouvernance hybrides [Ménard et Saussier, 2000 ; Sampson, 2004] mais la plupart traitent de l'arbitrage entre « faire » et « faire faire » [Anderson et Weitz, 1986 ; Masten, Meehan et Snyder, 1991 ; Silverman, Nickerson et Freeman, 1997 ; Poppo et Zenger, 1998 ; Leiblein, Reuer et Dalsace, 2002 ; Nickerson et Silverman, 2003 ; Mayer et Nickerson, 2005]. Dans tous les cas cependant, ces études montrent que le choix d'une structure de gouvernance non alignée avec les caractéristiques des transactions qu'elle encadre affecte ses performances, qu'elles soient mesurées en termes de profitabilité, de taux de survie, de capacité d'innovation ou de qualité des biens ou services fournis. Certaines études vont même plus loin et mettent en évidence que les firmes dont la structure n'est pas conforme aux prédictions de la théorie tendent à s'adapter en opérant des modifications organisationnelles [Nickerson et Silverman, 2003] ou même en changeant les caractéristiques de leurs actifs [Yvrande-Billon et Ménard, 2005]. D'autres parviennent aussi à démontrer que l'impact d'un mauvais alignement sur les performances varie en fonction du type d'« erreur organisationnelle » commise [Masten, Meehan et Snyder, 1991 ; Poppo et Zenger, 1998 ; Leiblein, Reuer et Dalsace, 2002 ; Sampson, 2004 ; Mayer et Nickerson, 2005]. Ainsi, Sampson [2004], dans son analyse des relations de coopération en R&D dans le secteur des télécommunications, aboutit à la conclusion que choisir de recourir à une *joint-venture* quand un contrat de partenariat se révèle plus adapté aux caractéristiques des transactions a des conséquences plus néfastes sur la capacité d'innovation des firmes que de commettre l'erreur inverse (*i.e.* choisir un contrat de partenariat plutôt qu'une structure plus intégrée comme la *joint-venture*). En revanche, dans leur étude du secteur des technologies de l'information, Mayer et Nickerson [2005] trouvent que réaliser des projets en interne, quand des considérations théoriques amèneraient à choisir de sous-traiter, a un impact négatif moins important sur la profitabilité que de choisir de « faire faire » alors que, pour des raisons théoriques, il serait recommandé d'intégrer.

Ce nouveau type de tests constitue une avancée significative dans la mise à l'épreuve de la théorie. S'ils sont amenés à se développer, les travaux empiriques de cette nature devraient en outre conduire au raffinement des propositions théoriques par la prise en compte de la nature des erreurs de gouvernance et de leurs conséquences dynamiques.

TROISIÈME PARTIE

# Vers de nouveaux questionnements

La théorie des coûts de transaction est une théorie des contrats et des choix organisationnels. Si le cadre analytique qu'elle propose est maintenant stabilisé et largement corroboré par les faits, il n'en reste pas moins des « points de tension » qui suscitent de nouveaux questionnements.

Ainsi, le cadre institutionnel dans lequel prennent place les choix organisationnels des agents apparaît crucial. Les institutions tiennent une place importante dès l'article de Coase [1937] et sont largement incorporées dans le cadre théorique de la théorie des coûts de transaction. D'autres dimensions apparaissent importantes également et ne sont pas aussi bien intégrées. Par exemple, le rôle des asymétries d'information ou de l'apprentissage est central pour d'autres cadres théoriques et apparaît secondaire dans la théorie des coûts de transaction. Néanmoins, ces dimensions ne sont pas absentes et un dialogue est possible entre différents cadres théoriques. La théorie des coûts de transaction n'apparaît donc pas comme un cadre théorique figé, mais en évolution, qui souvent alimente aussi les autres cadres théoriques.

L'objectif de cette dernière partie est de présenter la manière dont les institutions sont intégrées dans l'analyse en termes de coûts de transaction et son positionnement par rapport à d'autres approches théoriques.

# V / Le rôle des institutions

La théorie des coûts de transaction est considérée comme la branche de la gouvernance de la nouvelle économie institutionnelle, dont Douglas C. North, « prix Nobel » d'économie en 1993, est la figure de proue et qui se veut un cadre d'analyse plus global du rôle des institutions dans l'économie. Cette approche vise en effet à démontrer l'influence de l'environnement institutionnel, entendu au sens de règles du jeu, sur les performances économiques. Ce point déjà mis en avant par Coase en 1937 est souligné de nouveau par cet auteur qui note que « les coûts de l'échange dépendent des institutions d'un pays : son système légal, son système social, son système éducatif, sa culture, etc. En effet, ce sont les institutions qui déterminent les performances d'une économie, et c'est ce qui confère son importance à l'économie néo-institutionnelle » [Coase, 2000, p. 53]. Pourtant, la théorie des coûts de transaction s'est souvent vu reprocher de considérer les institutions comme données et par conséquent de s'écarter du cadre d'analyse de l'économie néo-institutionnelle.

L'objectif de ce chapitre est de présenter les développements récents de la théorie des coûts de transaction qui visent à réconcilier la branche de la gouvernance et celle des institutions. Il ne s'agit donc pas d'offrir un panorama de tous les travaux en économie néo-institutionnelle (voir pour cela Ménard et Shirley [2005]) mais plutôt de se concentrer sur les études où le cadre conceptuel de la théorie des coûts de transaction a été élargi pour prendre en compte l'effet des institutions sur les choix organisationnels.

## L'approche néo-institutionnelle

Nous présentons dans cette section les propositions principales de la nouvelle économie institutionnelle et montrons comment elles peuvent s'articuler avec celles de la théorie des coûts de transaction.

### *Définition et rôle des institutions*

L'économie néo-institutionnelle définit les institutions comme l'ensemble des règles du jeu d'échange auquel participent les agents économiques regroupés dans des organisations [North, 1990]. Plus précisément, « les institutions sont les contraintes créées par l'homme pour structurer les interactions politiques, économiques et sociales » [North, 1991, p. 97]. Il peut donc s'agir de règles, normes et contraintes tant informelles, comme les sanctions, tabous, coutumes, traditions, codes de conduite, que formelles, comme les constitutions, lois, dispositifs définissant les droits de propriété ou réglementations. Le cadre institutionnel ne se réduit alors pas à ses composantes publiques comme l'environnement légal et l'institution judiciaire mais englobe également des institutions collectives formelles (comme les codes de déontologie ou les règlements d'autorégulation mis en œuvre par les « ordres » et les fédérations professionnelles) et informelles (comme les normes de comportements qui s'imposent dans les réseaux relationnels : professions, groupes sociaux, ethnies, etc.) [Brousseau et Glachant, 2000, p. 33].

Partant de cette définition, le rôle des institutions est en premier lieu de fournir aux agents un ensemble de règles de coordination de base qui leur évitent de démarrer chaque relation d'échange *ex nihilo*. En ce sens, les institutions permettent de réduire les coûts de mise au point des contrats et facilitent donc l'apparition de relations contractuelles. Mais elles ont aussi pour but de réduire les risques inhérents à l'échange et de stabiliser les relations. En effet, d'après North, la nécessité de contraindre les interactions humaines et par conséquent de créer des institutions découle de ce que les individus ont une rationalité limitée et ne disposent que d'une information incomplète sur leurs partenaires et leur environnement [North, 1991, p. 98 ; 2005, p. 13]. Dès lors, les dispositifs bilatéraux de coordination qu'ils peuvent concevoir sont nécessairement imparfaits et coûteux mais ils le sont d'autant moins qu'un cadre institutionnel structure les comportements, crédibilise les engagements et garantit les droits de propriété. Le rôle des institutions est donc aussi de fournir un ensemble de dispositifs collectifs, formels et informels, venant appuyer les dispositifs bilatéraux de négociation, formalisation et mise en œuvre des contrats [Brousseau et Glachant, 2000, p. 40-41]. En d'autres termes, les institutions ont vocation à faciliter les comportements coopératifs et l'échange et à réduire les coûts de transaction [Ménard et Shirley, 2005, p. 1]. Ce faisant, elles participent au développement des sociétés et, comme le soutient North, leur évolution détermine le cours de l'histoire économique.

*Émergence et évolution des institutions*

L'étude de l'émergence, du fonctionnement et de l'évolution des institutions est au cœur de l'analyse néo-institutionnelle dont l'objectif est de montrer que les performances économiques de long terme d'un pays dépendent de ses dotations institutionnelles. Comme l'écrit North : « Les institutions fournissent la structure incitative d'une économie ; à mesure qu'elle évolue, cette structure oriente l'économie vers la croissance, la stagnation ou le déclin » [North, 1991, p. 97]. L'histoire et le développement économique sont donc à mettre en parallèle avec l'évolution des institutions. Ce que cherche à montrer North dans ses ouvrages les plus récents consacrés aux changements institutionnels et à leur impact sur les performances économiques des sociétés [North, 1981, 1990, 2005] est que développement des échanges et création d'institutions vont de pair. Son raisonnement est le suivant. L'augmentation du volume des échanges, en particulier ceux à longue distance, rend nécessaire et rentable la mise en place par les coéchangistes de mécanismes formels pour faire respecter les contrats. En retour, le développement de ces mécanismes diminue les coûts de contractualisation et rend ainsi les échanges plus profitables, accroissant par là même leur volume. C'est cet enchaînement de causalités qui explique notamment l'essor du monde occidental et l'émergence de ses institutions dès le Moyen Âge. D'après North, le développement des échanges transnationaux dès le XIe siècle en Europe est en effet à la fois le point de départ et le résultat d'innovations institutionnelles permettant de faciliter la mobilité du capital, de réduire les coûts de contrôle et d'information et de diversifier le risque (comme par exemple la création des banques et des compagnies d'assurance ou encore la mise au point de normes comptables et de systèmes internationaux de mesure) [North, 1991]. Face au développement des échanges et par conséquent à une concurrence accrue, les organisations doivent, pour survivre, modifier leur environnement institutionnel en le rendant plus propice à la réalisation de transactions. Les changements institutionnels sont donc compris comme le résultat des actions délibérées de groupes d'agents cherchant à maintenir, voire à renforcer leur position concurrentielle dans un monde de plus en plus ouvert. Mais cela ne veut pas dire que tous les changements institutionnels entrepris par les agents sont synonymes d'efficacité accrue. Dans ses travaux récents, North considère en effet que les choix institutionnels peuvent être malheureux et que des institutions inefficaces peuvent perdurer car les agents façonnant l'environnement institutionnel ont une rationalité limitée et ont parfois des objectifs contradictoires : le résultat de leurs actions peut ne pas être conforme à leurs prévisions ; en outre, les organisations, qu'elles soient économiques (firmes, syndicats...), politiques (partis, organes de réglementation...) ou scolaires (universités, centres de formation...), peuvent avoir des objectifs immédiats conflictuels, même si leur objectif ultime est la survie [North, 2005].

Comme nous allons le voir, cette conception des institutions a plusieurs conséquences pour l'analyse des choix organisationnels.

### *Le lien entre institutions et modes d'organisation*

Cette analyse de l'émergence des institutions et de leur rôle met en avant l'interaction continue entre institutions et organisations. L'environnement institutionnel est façonné par les organisations entendues au sens large de groupe d'individus ayant un objectif commun. En retour, ces organisations sont contraintes par le cadre institutionnel dans lequel elles évoluent. Les choix organisationnels doivent donc s'analyser en prenant en compte les limites imposées par les institutions qui définissent l'ensemble des alternatives faisables. Il ne s'agit pas de comparer les modes d'organisation choisis avec des formes idéales, mais avec des formes d'organisation qu'il est possible de mettre en place compte tenu de ce qu'autorise le cadre institutionnel (dans un environnement institutionnel donné). Si la loi interdit par exemple l'intégration verticale dans un secteur donné, l'analyse des alternatives organisationnelles dans ce secteur devra porter sur les modes de gouvernance autres que la gouvernance unifiée.

Mais les institutions ne font pas que délimiter l'ensemble des choix organisationnels possibles ; elles conditionnent également l'efficacité des alternatives envisageables parce qu'elles déterminent en partie les coûts de l'échange. Des modes d'organisation efficaces dans un contexte institutionnel particulier peuvent ne pas être recommandés dans un autre environnement institutionnel, même s'ils constituent une alternative possible. Comment par exemple des arrangements contractuels peuvent-ils être des modes de gouvernance efficaces dans un environnement institutionnel où la crédibilité des engagements et l'exécution des contrats ne sont pas garanties par des instances judiciaires indépendantes ? Dans la mesure où les institutions ne sont pas toujours efficaces, il convient de les considérer non plus seulement comme des facteurs contraignants mais également comme des déterminants des coûts de transaction. À ce titre, elles doivent figurer, comme les caractéristiques des transactions, au rang des variables explicatives des choix organisationnels.

### *L'élargissement du cadre théorique de la théorie des coûts de transaction pour incorporer les institutions*

Bien qu'étant une branche de l'économie néo-institutionnelle, la théorie des coûts de transaction s'est bien souvent contentée de considérer les institutions comme données, préférant se focaliser exclusivement sur l'analyse des mécanismes de gouvernance et le fonctionnement des organisations économiques en particulier [Williamson, 1996, p. 5]. À de rares exceptions près, la littérature s'est généralement concentrée sur des industries relativement peu réglementées opérant dans des pays aux régimes politiques stables. Or, comme le montre North, les différences dans les structures réglementaires, ou dans la manière dont les juges interprètent les clauses contractuelles par exemple, peuvent avoir des effets significatifs sur la performance d'arrangements contractuels alternatifs. Faire abstraction de ces différences peut donc conduire à des estimations biaisées de l'effet des autres facteurs, tels que la spécificité et l'incertitude, sur la décision d'intégrer verticalement ou de signer des contrats de long terme.

Aussi le cadre conceptuel de la théorie a-t-il récemment été élargi pour incorporer l'environnement institutionnel [Williamson, 1991 ; Henisz et Williamson, 1999]. Pour répondre aux critiques reprochant à la théorie des coûts de transaction de ne pas tenir compte des institutions, Williamson propose en effet de recourir à des analyses de statistique comparative permettant de rendre compte de la manière dont les choix de structures de gouvernance évoluent en réponse à des modifications de l'environnement institutionnel. Pour ce faire, il invite à considérer les dotations institutionnelles comme « un ensemble de paramètres dont les changements peuvent induire des modifications des coûts de gouvernance » [Williamson, 1991, p. 287]. Cela permet de mener des comparaisons internationales et d'évaluer l'efficacité de structures de gouvernance alternatives dans des contextes institutionnels différents. C'est aussi un moyen d'estimer l'impact de changements institutionnels sur les coûts de transaction à l'intérieur d'un même pays.

La démarche à suivre est illustrée en prenant l'exemple d'une modification des institutions formelles et plus particulièrement d'un renforcement des dispositifs de protection des droits de propriété et de résolution des conflits. D'après Henisz et Williamson [1999], un tel changement institutionnel ne peut avoir d'impact que sur les coûts associés aux structures de gouvernance impliquant une contractualisation interfirmes et donc une résolution des litiges devant un tiers. Dans la mesure où, dans une organisation intégrée, les conflits sont résolus en interne, les coûts de transaction associés à cette forme de gouvernance ne sont pas supposés changer lorsque le régime de protection des droits de propriété évolue. Dès lors, des changements institutionnels introduisant de meilleures garanties du respect de la propriété et des engagements contractuels auront pour conséquence de réduire les coûts de gouvernance associés au marché et aux formes hybrides mais ne modifieront pas les coûts de gouvernance de la forme intégrée. À la suite d'une modification de cette nature des paramètres institutionnels, les agents devraient donc avoir davantage recours à des contrats de court ou long terme pour encadrer leurs transactions. Ce raisonnement est illustré par la figure 7, dans laquelle le changement institutionnel que constitue un renforcement du respect des droits de propriété se traduit par la translation vers le bas des courbes de coûts de transaction sur le marché et dans les formes hybrides (respectivement M et X), c'est-à-dire par une diminution des coûts de contractualisation comparativement aux coûts de la gouvernance intégrée (représentés par la courbe H).

Figure 7. **Changement institutionnel et coûts de transaction : l'effet d'un renforcement des dispositifs de protection des droits de propriété**

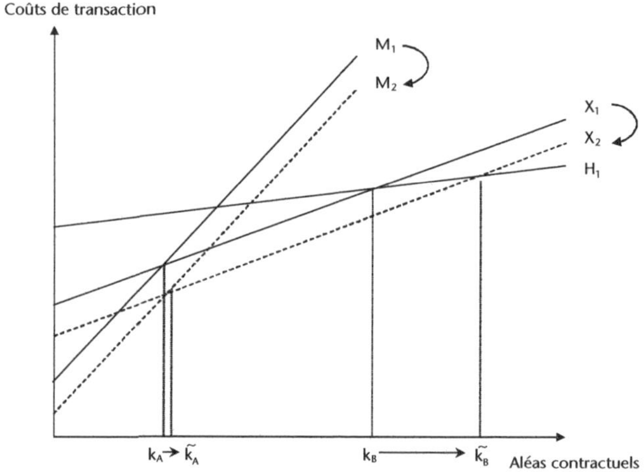


C'est donc en incorporant dans le modèle heuristique des paramètres institutionnels que Williamson propose de réconcilier l'approche de la gouvernance avec celle de l'environnement institutionnel. Un tel modèle permet évidemment de prendre en compte d'autres dimensions de l'environnement institutionnel que les dispositifs de protection des droits de propriété. Cependant, quel que soit le paramètre institutionnel étudié, l'ambition du modèle est toujours la même : analyser conjointement l'effet des caractéristiques des transactions et celui du contexte institutionnel sur les choix de gouvernance.

## Environnement institutionnel et choix organisationnels : applications

Comme le modèle heuristique « simple » de la théorie des coûts de transaction, le modèle incorporant les institutions se prête à des tests empiriques. Nous proposons dans cette section un aperçu des études empiriques ayant cherché à estimer l'impact des dotations institutionnelles sur les choix organisationnels et contractuels car elles constituent une avancée significative de la théorie.

### *Les propositions*

Les propositions de la théorie des coûts de transaction incorporant une dimension institutionnelle dans l'analyse des déterminants des choix contractuels mettent en avant, d'une part, la manière dont les institutions contraignent les choix des agents (la capacité des institutions à contraindre les choix des agents), et, d'autre part, l'aptitude des agents à s'adapter à ces contraintes.

La première catégorie de propositions établit une relation entre caractéristiques des institutions et efficacité des structures de gouvernance alternatives. De manière synthétique, on suppose que le niveau des coûts de contractualisation est une fonction décroissante du degré de protection des droits de propriété. De fait, plus il existe de dispositifs crédibles garantissant le respect de la propriété et des engagements, moins il est coûteux de recourir à des contrats pour encadrer la réalisation de transactions. Les firmes ont alors intérêt à choisir ce mode de gouvernance plutôt qu'une forme unifiée, si toutefois les caractéristiques de leurs transactions n'imposent pas le recours à l'intégration verticale. La qualité des institutions est donc ici appréhendée comme une source supplémentaire d'incertitude ; mais ce n'est plus une caractéristique propre à une transaction comme peut l'être l'incertitude technologique par exemple. Aux aléas que peut engendrer un niveau élevé de spécificité ou bien encore une forte incertitude sur la demande, que Williamson qualifie d'aléas contractuels, viennent donc s'ajouter les aléas provoqués par l'instabilité ou le manque de crédibilité des institutions censées garantir le respect des engagements, qu'il nomme aléas institutionnels.

La seconde catégorie de propositions dans lesquelles aléas contractuels et aléas institutionnels sont pris en compte porte sur la capacité des agents économiques à s'adapter aux contraintes institutionnelles et notamment aux contraintes réglementaires interdisant l'intégration verticale. D'après la théorie des coûts de transaction, si l'environnement institutionnel limite le champ des structures de gouvernance possibles et interdit aux agents de choisir le mode de gouvernance pourtant le plus approprié aux caractéristiques de leurs transactions, on peut prédire que ceux-ci chercheront à s'adapter aux contraintes de deux façons. Le premier moyen de contourner les contraintes est de développer des mécanismes de coordination informels se substituant aux arrangements formels interdits par la réglementation. Si par exemple la loi empêche les firmes de recourir à l'intégration verticale alors que cette forme organisationnelle est la plus efficace compte tenu de la forte spécificité de leurs actifs, la théorie avance que ces firmes chercheront à protéger la valeur de leurs investissements en s'appuyant sur des arrangements relationnels, c'est-à-dire sur des accords non formels reposant essentiellement sur leur réputation. L'autre moyen dont disposent les agents pour s'adapter aux contraintes est de modifier les caractéristiques des transactions et en particulier le degré de spécificité des actifs de manière à aligner structure de gouvernance et attributs des transactions. Si un changement institutionnel tel qu'une réforme concurrentielle, par exemple, vient imposer le recours à un mode d'organisation non adapté aux caractéristiques initiales des transactions, la théorie suggère que les participants aux transactions seront incités à ajuster le degré de spécificité de leurs actifs à la structure qui leur est imposée.

*La mesure de la qualité des institutions*

Les tests de la première catégorie de propositions nécessitent de mesurer l'incertitude liée à l'environnement institutionnel. Idéalement, la qualité des institutions devrait être mesurée par un indicateur synthétique objectif du risque de répudiation des contrats et d'expropriation des investissements permettant une comparaison entre pays et au cours du temps [Keefer et Knack, 1997]. Mais un indicateur de ce type est impossible à construire pour au moins deux raisons. D'une part, ce calcul nécessite d'affecter des pondérations objectives aux différentes composantes de l'environnement institutionnel. Or la manière dont se combinent et interagissent les dotations institutionnelles n'est pas clairement établie et une pondération semble donc difficile et forcément subjective. D'autre part, certaines caractéristiques des sociétés ayant un impact sur la qualité des institutions sont inobservables et susceptibles de varier d'un pays à l'autre (comme par exemple les normes de comportements [Clague, 1993]), ce qui crée nécessairement un biais dans les mesures de la qualité des institutions observables.

En l'absence d'indicateurs objectifs de la qualité des institutions, les chercheurs se tournent vers des évaluations subjectives réalisées par des services d'analyse des risques pays comme l'International Country Risk Guide ou le Business Environmental Risk Intelligence. Les principaux indicateurs produits par ces services qui permettent d'apprécier la qualité des institutions sont ceux qui mesurent :

— le risque d'expropriation par l'État des investissements étrangers ;

— le risque de répudiation des contrats par l'État ;

— le degré de corruption des fonctionnaires ;

— l'étendue des pouvoirs discrétionnaires de l'administration et son degré d'expertise ;

— le degré de séparation des pouvoirs législatif et exécutif ;

— l'indépendance du système judiciaire et sa capacité à faire appliquer les règles de droit.

À chacune de ces variables est associé un score pour chaque pays, ce qui permet de réaliser des études quantitatives de l'impact de l'environnement institutionnel sur les performances économiques en général, et sur les coûts de transaction et les choix contractuels en particulier.

*Les résultats des tests empiriques*

Beaucoup de travaux explorant l'influence de facteurs institutionnels et transactionnels sur les choix organisationnels des firmes se focalisent sur leurs stratégies d'alliance [Gulati et Singh, 1998 ; Artz et Brush, 2000 ; Elfenbein et Lerner, 2003]. De manière générale, les travaux empiriques s'intéressant à la relation entre aléas contractuels et aléas institutionnels portent sur les décisions organisationnelles des firmes multinationales. Ils cherchent à montrer que la manière dont une firme s'implante à l'étranger dépend des caractéristiques de ses transactions mais aussi des dotations institutionnelles du pays d'accueil. Ainsi, les travaux d'Oxley [1997, 1999] sur les accords de transfert de technologies passés à l'étranger par des firmes américaines montrent que le mode de gouvernance qu'elles choisissent dépend du type de technologie transférée mais également du régime de protection des droits de propriété intellectuelle en vigueur dans le pays de l'entreprise partenaire. Les résultats de ces tests indiquent clairement que ces firmes adoptent des structures de gouvernance plus hiérarchiques dans les pays où la propriété intellectuelle est peu ou mal protégée par les institutions. Henisz [2000] et Henisz et Zelner [2001] montrent quant à eux que les firmes désireuses d'investir dans des pays où les risques politiques sont importants peuvent préférer passer un contrat avec les entreprises locales plutôt que de les racheter et ce même si l'intégration verticale permet de mieux gérer les aléas contractuels associés à une forte spécificité des actifs. Ils interprètent ce résultat de la manière suivante. Dans les pays où les institutions ne sont pas de qualité suffisante, les multinationales font face à des risques d'expropriation par l'État qui peuvent se manifester par des changements de sa politique fiscale ou réglementaire par exemple. S'associer avec des firmes locales plus à même d'interagir avec le gouvernement et de faire pression sur lui permet de limiter de tels risques et est donc plus efficace que de racheter les entreprises locales, même pour des transactions impliquant des investissements très spécifiques.

L'impact de l'environnement institutionnel sur les choix contractuels des agents est également démontré par les études empiriques analysant la capacité d'adaptation des agents aux contraintes institutionnelles. Les travaux de Palay [1984] sur le secteur du transport ferroviaire de marchandises aux États-Unis montrent par exemple que l'interdiction réglementaire de recourir à l'intégration verticale pousse les affréteurs et les transporteurs à mettre en place des arrangements informels pour protéger leurs investissements spécifiques. L'article de Yvrande-Billon et Ménard [2005] montre quant à lui que les opérateurs britanniques de transport ferroviaire de voyageurs s'adaptent à la réglementation qui leur impose d'avoir recours à des contrats de courte durée en standardisant les matériels roulants, autrement dit en réduisant le degré de spécificité de leurs actifs.

## Environnement institutionnel, design contractuel et renégociation : l'exemple des concessions d'infrastructure dans les pays d'Amérique latine

Le recours massif, depuis une vingtaine d'années, à des partenariats public-privé dans les pays en développement a fait l'objet d'un nombre considérable d'études cherchant à déterminer les conditions de succès des réformes ayant mené à l'introduction de tels dispositifs [Shirley, 2002 ; Estache, 2006 ; Marty, Trosa et Voisin, 2006].

Une série de travaux [Guasch, 2004 ; Guasch, Laffont et Straub, 2006 ; Guasch et Straub, 2006] porte ainsi sur les concessions d'infrastructure en Amérique latine. S'appuyant sur une base de données de mille contrats de concession dans les secteurs de l'eau, des télécommunications, de l'énergie et des transports signés entre 1980 et 2000 dans dix-sept pays d'Amérique latine et des Caraïbes, ces études visent à expliquer pourquoi ces contrats ont été sujets à de très nombreuses renégociations depuis leur introduction. On constate en effet que 41 % des contrats ont été renégociés en moyenne deux années après leur signature. En outre, ces renégociations, initiées dans 61 % des cas par les opérateurs privés et dans 26 % des cas par les pouvoirs publics, ont eu des conséquences négatives sur le surplus des usagers puisqu'elles se sont le plus souvent traduites par des augmentations de prix, des délais de réalisation des projets d'infrastructure ou encore des révisions à la baisse des exigences en matière d'investissements. Ce faisant, les renégociations ont conduit à décrédibiliser les réformes d'industries de services publics et à accroître l'opposition de l'opinion publique à l'encontre de la participation privée. Pour toutes ces raisons, elles sont synonymes, d'après les auteurs, d'inefficacité et d'opportunisme et il convient d'en déterminer les causes.

D'après les études économétriques réalisées par Guasch *et al.* [2006], trois types de variables expliquent les renégociations contractuelles. Il ressort en effet de leurs estimations que la probabilité que les contrats soient renégociés est positivement affectée par la survenance de chocs macroéconomiques, c'est-à-dire d'aléas influençant l'équilibre financier des contrats mais indépendants de la volonté des parties, comme par exemple les risques de change. La probabilité de renégociation dépend également du design des contrats. Il apparaît en effet que les contrats sont d'autant plus renégociés qu'ils incluent des obligations d'investissement et qu'ils sont attribués par appel d'offres concurrentiel. À l'inverse, les contrats de concession conçus de manière à garantir un revenu minimum aux opérateurs comme les contrats à marge fixe (ou contrats *cost-plus*) sont moins renégociés que les contrats faisant supporter aux opérateurs une part importante de risques, comme les contrats à prix fixe (ou contrats *price cap*). Enfin, les tests mettent au jour l'influence déterminante de l'environnement institutionnel sur la probabilité de renégociation. Ainsi, l'existence d'une agence de réglementation indépendante affecte négativement la probabilité de renégociation. Au contraire, le niveau de corruption de l'administration et les contraintes d'agenda électoral influent positivement sur la probabilité que les contrats soient renégociés. Ces derniers résultats illustrent donc l'impact du contexte politique et institutionnel sur les coûts de transaction. En limitant la crédibilité des engagements des pouvoirs publics, des institutions fragiles encouragent les renégociations opportunistes et conduisent à un détournement improductif des ressources.

L'ensemble de ces développements théoriques et des travaux empiriques auxquels ils ont donné lieu contribue à améliorer de façon significative la compréhension des déterminants des choix contractuels. Dans la mesure où les arrangements contractuels sont réalisés dans l'ombre de la loi, les travaux empiriques sur les déterminants des choix contractuels ne peuvent qu'être améliorés en portant une plus grande attention aux effets des environnements légaux et réglementaires.

De plus, ces études, parce qu'elles analysent conjointement les effets des aléas contractuels et des incertitudes institutionnelles, permettent de rappeler que la théorie des coûts de transaction est bien une branche de la nouvelle économie institutionnelle.

# VI / La place de la théorie des coûts de transaction dans la théorie des contrats

D'autres approches théoriques apportent des éclairages souvent différents, parfois complémentaires à ceux proposés par une approche en termes de coûts de transaction. Il paraît donc utile de préciser ces différences afin de mieux situer cette approche et de préciser ainsi son originalité.

L'objectif de ce chapitre est de revenir sur le positionnement de la théorie des coûts de transaction par rapport à des questions qui sont centrales dans d'autres approches théoriques, comme le rôle des asymétries d'information, les droits de propriété et le développement de connaissances.

## Le rôle des asymétries d'information

Il est souvent reproché à l'approche en termes de coûts de transaction de ne pas respecter le principe de parcimonie propre à toute théorie. En d'autres termes, en relâchant un grand nombre d'hypothèses de la théorie néoclassique standard, il est difficile de cerner celles qui sont centrales pour fonder les résultats auxquels parvient la théorie des coûts de transaction. Est-ce l'imperfection de l'information, la rationalité limitée des agents ou l'incertitude qui est centrale ? Le relâchement de tant d'hypothèses est ce qui empêche, pour le moment, une formalisation mathématique adéquate des principes organisationnels avancés par la théorie des coûts de transaction.

Dans le même temps, les asymétries d'information sont clairement considérées comme secondaires dans la théorie des coûts de transaction, ne permettant pas à elles seules d'engendrer des prédictions concernant les structures de gouvernance optimales [Williamson, 1985]. La théorie de l'agence prend le parti opposé en se focalisant sur les problèmes liés à l'asymétrie d'information entre les acteurs économiques [Laffont et Martimort, 2002] et en ne relâchant que cette hypothèse par rapport au cadre de référence de l'équilibre général walrasien. Les conséquences de ces asymétries sont appréhendées par des modèles principal-agent qui mettent généralement en relation deux agents économiques : d'un côté, une partie informée (le plus souvent l'agent), qui détient une information pertinente pour la bonne marche de la relation contractuelle, de l'autre, une partie non informée (le plus souvent le principal).

*Les problèmes engendrés par les asymétries d'information et les solutions proposées*

Les asymétries d'information engendrent des problèmes de natures différentes. On parle de *sélection adverse* quand une caractéristique de l'agent (son type) est imparfaitement connue du principal. On parle d'*aléa moral* lorsque l'agent prend une décision qui affecte le bien-être du principal sans que ce dernier puisse observer les actions de l'agent ou les raisons qui poussent l'agent à prendre sa décision. Le problème est alors pour le principal de mettre en place un contrat incitant l'agent à révéler son information (sélection adverse) et l'incitant à agir dans le sens du principal (aléa moral).

Les solutions proposées par les modèles principal-agent proviennent souvent d'une hypothèse concernant l'aversion au risque des agents. On suppose que l'agent est averse au risque, alors que le principal est neutre face au risque. La théorie principal-agent s'intéresse à la nature des contrats optimaux qui donnent à l'agent un revenu fondé sur une variable observable et hautement corrélée à son niveau d'effort [Stiglitz, 1974]. Différentes solutions s'offrent alors au principal qui propose le contrat. La rémunération de l'agent, plutôt que d'être conditionnée à son niveau d'effort souvent inobservable, peut être reliée à la production observée [Lazear, 1987, 2000]. Mais alors la qualité ou d'autres dimensions du travail de l'agent peuvent s'en ressentir [Gibbons, 1998]. D'autres solutions plus complexes peuvent être avancées, comme la mise en concurrence des agents au travers de primes offertes au vainqueur de « tournois ». Un arbitrage s'effectue entre rémunération fixe (l'agent est assuré contre le risque) et rémunération variable (incitation à l'effort de l'agent). La partie qui est averse au risque préfère s'assurer des revenus stables pour la période sur laquelle porte le contrat, même si cette stabilité se traduit par une espérance de profits moindre. Le principal doit proposer un système de rémunération qui maximise son utilité sachant que ce système doit être accepté par l'agent (il existe une contrainte de participation que le principal doit remplir, car la théorie de l'agence ne s'intéresse qu'à des échanges volontaires). Le système de rémunération doit aussi être incitatif (il existe une contrainte d'incitation que le principal doit remplir afin d'éviter que l'agent ne profite de son avantage informationnel et refuse de révéler son type).

Les solutions proposées passent donc essentiellement par le schéma de rémunération que le principal propose à l'agent et ne passent pas par la mise en place de structures de gouvernance différenciées. Sauf à supposer que les éléments qui limitent la possibilité de mettre en place des contrats incitatifs poussent à l'intégration en référence au théorème de Sappington et Stiglitz [1987] sur l'équivalence entre la solution intégrée et la solution de marché [Martimort et Sand-Zantman, 2007].

### *Asymétries d'information et renégociation des contrats*

Des développements récents de la théorie de l'agence cherchent à prendre en compte le rôle des institutions sur la probabilité de voir renégocier un contrat [Laffont, 2003, 2005 ; Guasch, Laffont et Straub, 2006 ; Guasch et Straub, 2006] et se rapprochent ainsi clairement des propositions et de l'esprit de la théorie des coûts de transaction.

Afin de comprendre la logique retenue, en nous fondant sur les articles des auteurs précités, considérons le cas d'un service public, géré par un monopole naturel régulé. Supposons que la firme régulée puisse être de deux types différents reflétant ses coûts moyens de production $\underline{\beta}$ ou $\overline{\beta}$ avec $\underline{\beta} < \overline{\beta}$). La firme ne connaît pas son type. Supposons de plus que le régulateur connaît la probabilité qu'il a de choisir un opérateur efficace ou inefficace. Selon les efforts, $e$, développés par l'opérateur (aléa moral), le coût de production de celui-ci peut se trouver affecté. Les coûts variables de l'opérateur sont donnés classiquement par : $CV(q) = (\beta - e)q$.

Les auteurs supposent que le régulateur ne peut observer $e$ et ne connaît pas le type de l'entreprise. Il propose le contrat *avant* que l'entreprise régulée ne connaisse son type. Ce point est central, car il va engendrer de possibles volontés de renégociations dans le contrat (pour des raisons très proches de celles de la malédiction du vainqueur que nous avons évoquée au chapitre III). Le régulateur peut alors mettre en place un mécanisme de révélation fondé sur les messages envoyés par la firme sur son type et tenant compte des contraintes de participation et d'incitation des firmes. Il met en place un mécanisme de type $[(\overline{t},\overline{C})\ ;\ (\underline{t},\underline{C})]$ qui spécifie un coût moyen à atteindre pour la firme et un transfert $t$.

Le problème est que la firme doit accepter le contrat avant de connaître son type. La contrainte de participation est donc $v\underline{U} + (1-v)\,\overline{U} \geq 0$, avec $v$ la probabilité pour une firme d'être de type efficace et $U$ l'utilité de la firme selon qu'elle est efficace ou non.

Le régulateur se contente de respecter la contrainte de participation des opérateurs sans leur laisser inutilement un surplus positif, puis regarde si des transferts existent pour satisfaire les contraintes d'incitation. Le régulateur peut alors trouver un transfert minimum pour satisfaire la contrainte d'incitation des firmes se pensant inefficaces et efficaces. Mais, quelle que soit la valeur du transfert retenu, elle entraîne une utilité négative *ex post* pour la firme régulée de type inefficace. La firme régulée qui se découvre inefficace tentera alors probablement de renégocier le contrat initial.

Dans un monde tel que celui décrit par la théorie de l'agence, le contrat est complet et se veut immune à la renégociation (les institutions chargées de faire respecter le contrat sont efficaces). Pour que la théorie puisse nous apprendre quelque chose sur le problème de la renégociation et ses implications, il faut supposer que les institutions ne sont pas parfaites et que les agents le savent. On se rapproche dès lors des hypothèses de la théorie des coûts de transaction. Ainsi les auteurs supposent que le régulateur intègre cette contrainte « institutionnelle » supplémentaire. Il y a alors deux possibilités. Soit le régulateur ajoute au programme deux contraintes nouvelles précisant que, *ex post*, l'utilité de la firme doit être positive, que celle-ci soit efficace ou non. Cela entraîne une perte de rente informationnelle et de rente d'efficacité. Soit le régulateur tente sa chance sachant que l'entreprise, si elle est inefficace *ex post*, tentera de renégocier et y parviendra avec une probabilité 1 – $\pi(x)$. Cette probabilité mesure la qualité des institutions et leurs capacités à faire exécuter les engagements contractuels des agents. $x$ peut par exemple représenter les dépenses pour mettre en place un mécanisme d'exécution *ex post* des contrats.

Les auteurs vont plus loin en supposant, à l'instar des modèles de contrats incomplets, que, s'il y a renégociation, les agents s'engagent dans une renégociation « à la Nash » dans laquelle ils se partagent efficacement le surplus engendré par la relation. De plus, les auteurs ajoutent un paramètre censé refléter l'inefficacité de la renégociation. Ce point est crucial dans la théorie des coûts de transaction, mais généralement absent des approches en termes de contrats complets ou incomplets. Ceci amène les auteurs à plusieurs propositions testables originales.

En proposant de tels amendements au cadre théorique de la théorie de l'agence, on se rapproche clairement de la théorie des coûts de transaction mais au prix d'hypothèses multiples et *ad hoc*. Ces amendements ouvrent la voie à un cadre intégrateur, tenant compte à la fois de l'impact des asymétries d'information, mais aussi de l'incomplétude des contrats et de l'imperfection des institutions.

Les développements récents de la théorie de l'agence permettent donc d'appréhender non seulement la forme optimale que devraient prendre les schémas de rémunération des agents, mais aussi, au prix de quelques hypothèses supplémentaires la rapprochant de la théorie des coûts de transaction, les choix organisationnels optimaux. Elle reste encore malgré tout, en comparaison de la théorie des coûts de transaction, une théorie fondée sur un nombre très limité d'études empiriques [Masten et Saussier, 2000 ; Chiappori et Salanié, 2003].

## L'incomplétude des contrats

La théorie des coûts de transaction est une théorie des contrats incomplets. Dans ce cadre théorique, l'incomplétude contractuelle a pour source la rationalité limitée des agents couplée au fait qu'ils évoluent dans un environnement incertain. Afin de ne pas négliger les conséquences de l'incomplétude contractuelle et malgré tout d'en proposer une formalisation rigoureuse, la théorie des contrats incomplets opte pour une stratégie différente de celle de la théorie de l'agence.

### *Une formalisation de la théorie des coûts de transaction ?*

La théorie des contrats incomplets a pour ambition originelle de proposer la formalisation manquante de la théorie des coûts de transaction. Ainsi, dans leur article fondateur, Grossman et Hart, en faisant explicitement référence à la théorie des coûts de transaction, affichent leur ambition de chercher à formaliser en partie les « intuitions » qu'ils ont pu y trouver [Grossman et Hart, 1986]. Les progrès réalisés par la théorie des contrats incomplets font que, aujourd'hui encore, beaucoup voient en elle une formalisation adéquate de la théorie des coûts de transaction. Williamson n'est d'ailleurs pas loin d'adhérer à cette vision des choses. Parlant de la théorie des coûts de transaction, il note : « De façon évidente, il était nécessaire de développer des modèles formels de contrat incomplet. Cela a commencé à partir de la publication de l'article novateur de Sanford Grossman et Oliver Hart [1986] » [Williamson, 1993a, p. 42]. Les principales sources à l'origine de l'incomplétude des contrats dans la théorie des coûts de transaction, à savoir la rationalité limitée des agents et l'incertitude à laquelle ils font face, sont, selon Williamson, prises en compte de manière satisfaisante par la théorie des contrats incomplets : « Ainsi, Grossman et Hart emploient les termes "non-contractualisation" et "non-vérifiabilité" plutôt que celui de rationalité limitée. Et ils font référence plutôt à des "investissements spécifiques à une relation" qu'à la spécificité des actifs. Les réalisations non anticipées des états de la nature, ainsi que la nécessité de s'y adapter, constituent dans leur modèle les contraintes contractuelles. L'incertitude est ainsi introduite » [Williamson, 1990, p. 16]. La théorie des contrats incomplets apparaît donc bien pour Williamson comme « un traitement formel complet de ce que l'économie des coûts de transaction décrit comme "une contractualisation incomplète" » [Williamson, 1993a, p. 36].

Néanmoins, si la théorie des contrats incomplets apparaissait il y a quelque temps encore comme une formalisation pure et simple de la théorie des coûts de transaction, il semble clair aujourd'hui qu'elle est en réalité une théorie originale, avançant des propositions concurrentes de celle de la théorie des coûts de transaction [Kreps, 1996 ; Fares et Saussier, 2001 ; Whinston, 2003 ; Gibbons, 2005]. Ainsi, Williamson, dans ses écrits plus récents, note certaines différences entre les deux approches pour arriver à une position véritablement critique à l'égard de la théorie des contrats incomplets [Williamson, 1999a, 2000]. Les fondateurs de la théorie des contrats incomplets font maintenant remarquer que leur approche diffère notablement de la théorie des coûts de transaction [Hart, 1995].

La théorie des contrats incomplets et la théorie des coûts de transaction ont pour point commun de proposer une analyse des choix contractuels en termes de contrats incomplets. En ce sens, elles constituent deux théories des contrats incomplets. Néanmoins, la source de l'incomplétude des contrats n'est pas la même dans les deux théories. Les hypothèses retenues diffèrent aussi.

*Incomplétude et invérifiabilité*

La théorie des contrats incomplets part du principe qu'une ligne de démarcation peut être tracée entre les problèmes contractuels qui proviennent de l'incomplétude des contrats et ceux qui proviennent de l'asymétrie d'information entre les contractants. C'est pourquoi, dans les modèles de contrats incomplets, l'information entre les agents est supposée symétrique. Ce premier critère de démarcation qu'est l'asymétrie d'information permet de situer la théorie des contrats incomplets par rapport à la théorie normative de l'agence.

La théorie suggère d'autre part que le concept de rationalité limitée des acteurs économiques n'est pas nécessaire pour bâtir une théorie des organisations et des relations contractuelles interfirmes [Hart, 1990, p. 700 ; 1988, p. 151-152 ; 1995, p. 80-82].

L'asymétrie d'information entre les contractants étant exclue ainsi que la rationalité limitée des agents, la question se pose alors de savoir comment fonder l'incomplétude. Les problèmes de vérifiabilité par une tierce partie de l'information observable par les deux parties [Grossman et Hart, 1986, p. 691 ; Hart et Moore, 1988 ; Hart, 1995, p. 76] sont supposés être à la source de l'incomplétude contractuelle. Cette voie permet d'évacuer la question de la rationalité limitée du cœur de la relation bilatérale vers sa « périphérie ». Dans ce cadre d'analyse, il importe peu en réalité que les parties contractantes aient ou non une rationalité limitée. Le seul fait que le juge, ou les experts chargés de trancher les conflits, n'ait pas les compétences nécessaires ou suffisamment d'informations pour vérifier un certain nombre de clauses contractuelles dissuadera les parties de chercher à écrire un contrat complet. Le choix des actions à entreprendre dans les situations non prévues par le contrat revient dès lors à la partie qui détient les actifs. En effet, la propriété d'un actif va de pair avec la possession d'un droit résiduel de contrôle sur cet actif, c'est-à-dire un droit d'utilisation de cet actif de toutes les façons non interdites par la loi, les coutumes ou par un contrat précédent [Hart et Moore, 1988]. Les droits résiduels de contrôle sont importants au sens où ils affectent le pouvoir de marchandage dans la phase *ex post* de négociation des termes de l'échange, et donc le partage du surplus. Car, en effet, étant donné que les contrats sont incomplets et que l'on ne peut préciser *ex ante* le niveau des investissements spécifiques adéquat pour la transaction, le contrat est forcément renégocié *ex post*.

### *Des propositions différentes de la théorie des coûts de transaction*

La modélisation proposée par la théorie des contrats incomplets permet d'avancer des propositions. Mais, contrairement à la théorie des coûts de transaction, ces propositions n'ont pas jusqu'ici fait l'objet de tests empiriques nombreux. C'est pourquoi quelques auteurs font référence aux tests de la théorie des coûts de transaction pour corroborer les propositions de la théorie des contrats incomplets. Pourtant, les propositions de ce cadre théorique diffèrent fortement de celles de la théorie des coûts de transaction sur l'intégration verticale [Whinston, 2003]. Notamment, la théorie des contrats incomplets avance la proposition selon laquelle une transaction aura d'autant plus de chances d'être intégrée que l'une des deux parties développe des actifs ayant un fort effet sur le surplus engendré par la transaction, toutes choses égales par ailleurs. De plus, c'est la partie qui développe ces actifs « importants » qui devrait intégrer. Le sens de l'intégration est donc primordial. Il est préférable dans certains cas, même en présence d'actifs spécifiques, de ne pas intégrer si l'intégration n'est pas effectuée à l'initiative de la firme qui développe les investissements spécifiques les plus importants pour la création du surplus ou si les deux firmes développent des investissements également importants.

Si, pour la théorie des coûts de transaction, toute augmentation de la quasi-rente augmente la probabilité d'intégrer (augmente la probabilité de voir émerger des comportements opportunistes), ce n'est pas le cas pour la théorie des contrats incomplets. En effet, le choix d'intégration est avant tout fonction des rendements marginaux de l'investissement. Comme la quasi-rente peut varier en ne produisant aucun impact sur ces rendements, le niveau de quasi-rente n'influe pas forcément sur la décision d'intégration. Cela fera dire à certains auteurs que la théorie des contrats incomplets est quasiment non testable [Whinston, 2003].

*Contrats incomplets et droits de décision contractualisables*

Des développements récents de la théorie des contrats incomplets laissent entrevoir de possibles évolutions de la théorie vers des questions plus larges que celles traitées jusqu'ici (la distribution des droits de propriété). En mettant en évidence qu'une déconnexion est possible entre droits de propriété, droits de décision et droits sur les revenus générés par les actifs, de nouvelles perspectives s'ouvrent [Baker, Gibbons et Murphy, 2004 ; Gibbons, 2005]. En effet, les droits de décision et les droits sur les revenus, qui découlent de la propriété des actifs, peuvent, pour certains d'entre eux, être transférés par contrats. D'autres sont inaliénables et sont entre les mains de celui qui possède les actifs. Ce raffinement de la théorie permet de mieux appréhender des arrangements contractuels complexes, comme ceux qui existent dans les partenariats public-privé en France par exemple [Desrieux, 2006]. Typiquement, le propriétaire des actifs (l'État ou les collectivités locales) n'a pas tous les droits de décision ni même les droits sur les revenus engendrés par ces actifs (les péages d'une autoroute ou les montants prélevés par un opérateur pour un service public local peuvent revenir en partie ou en totalité à l'opérateur).

De plus, dès lors que l'on tient compte du fait que ces contrats peuvent être signés dans un cadre relationnel répété, de nouveaux équilibres apparaissent mettant en évidence que ce qui peut être optimal en statique ne l'est pas forcément en dynamique [Baker, Gibbons et Murphy, 2004]. Le rapprochement de la théorie des contrats incomplets et de la théorie des jeux répétés apporte de nouveaux éclairages sur les choix contractuels et organisationnels optimaux des agents dans un futur proche. Ces développements devraient permettre d'incorporer la dimension relationnelle, centrale pour la théorie des coûts de transaction, notamment dans les relations contractuelles hybrides (voir chapitre II). Plus largement, une exploration de la complémentarité ou de la substituabilité des dimensions relationnelles et explicites des contrats s'ouvre.

## Apprentissage et création de connaissances

Dans le cadre de la théorie des coûts de transaction, les agents ont une rationalité limitée. Mais peu d'attention est portée sur leurs capacités à évoluer, apprendre, repousser les limites de leur rationalité. En d'autres termes, de ce point de vue et hormis la notion de « transformation fondamentale » [Williamson, 1975], la théorie est essentiellement statique. Sur cette question, la théorie des ressources et plus largement les approches évolutionnistes et en termes de compétences se distinguent de l'approche transactionnelle. Les connaissances et leur accumulation sont au centre de l'analyse. Les risques de comportements opportunistes passent au second plan. Il s'ensuit que le lien postulé entre spécificité des actifs et décision d'intégration n'est pas le même. Cela ouvre la voie à de nouvelles propositions, en opposition à celles énoncées par la théorie des coûts de transaction [Plunket et Saussier, 2003].

### *La firme, lieu de création et d'utilisation de connaissances*

La théorie des ressources, la théorie évolutionniste et les approches en termes de connaissances ont en commun un cadre analytique postulant : 1) un comportement des acteurs fondé sur l'apprentissage et la mise en place de routines et 2) le fait que les connaissances et capacités des firmes représentent leur signe distinctif, à la base de leur efficacité.

Le raisonnement est le suivant : la firme, au travers de la formation de routines, améliore son efficacité comparée au marché. Cela est particulièrement important dans le cas de transactions spécifiques à la firme — pour lesquelles le développement de codes communs de communication est crucial. En d'autres termes, les coûts de transaction à l'intérieur de la firme n'augmentent pas avec la spécificité des actifs humains, comme le postule la théorie des coûts de transaction ; ils décroissent.

Du coup, les activités qui nécessitent des investissements spécifiques humains sont candidates à l'intégration car les firmes sont plus à même de développer des routines les rendant plus efficaces que le marché [Poppo et Zenger, 1998].

### *Une analyse de la firme radicalement différente*

Les deux approches sont clairement en concurrence. La théorie des coûts de transaction prévoit l'intégration du fait de l'augmentation plus rapide des coûts de transaction sur le marché que dans la firme dès lors que des investissements spécifiques sont développés. La théorie des ressources prévoit l'intégration verticale du fait que les coûts de transaction sont réduits dans la firme avec le développement d'actifs spécifiques humains [Poppo et Zenger, 1998].

Si ces deux approches sont différentes, elles sont aussi compatibles avec la plupart des tests empiriques de l'intégration verticale qui ne permettent pas de distinguer entre ces deux « logiques » de l'intégration. Ainsi, bien souvent, les études empiriques qui corroborent la prédiction centrale de la théorie des coûts de transaction selon laquelle les transactions nécessitant des investissements spécifiques devraient être intégrées verticalement ne sont pas assez précises pour réfuter l'approche en termes de ressources.

### *La relégation au second plan des comportements opportunistes*

La différence essentielle entre ces approches et la théorie des coûts de transaction réside dans la place qu'elle donne aux comportements opportunistes des agents et, par conséquent, aux mécanismes qui créent la confiance nécessaire aux transactions dans une économie. La théorie des coûts de transaction place au centre de son analyse le possible comportement opportuniste des agents, invitant à analyser les mécanismes contractuels et extracontractuels qui peuvent susciter la confiance (il n'y a de confiance que calculée). Au contraire, la théorie des ressources et plus largement les approches évolutionnistes relèguent au second plan les possibles comportements opportunistes des acteurs économiques pour se focaliser sur les mécanismes créateurs de connaissances et d'apprentissage des acteurs (la confiance préexiste à la relation contractuelle). De ce point de vue, la théorie des coûts de transaction apparaît plus réaliste. Il n'en reste pas moins que l'apprentissage des acteurs, dès lors qu'ils ont une rationalité limitée, mériterait une plus grande attention.

# Conclusion

La théorie des coûts de transaction s'est largement développée depuis que Ronald H. Coase a avancé la notion de coûts de transaction et qu'Oliver E. Williamson a jeté les bases d'une véritable théorie. Plus qu'une théorie de la firme, la théorie des coûts de transaction est une théorie plus large, englobant les contrats mais aussi les institutions de l'économie dans lesquelles prennent place les choix stratégiques des acteurs économiques.

Ce qui fait la force de cette approche théorique est tout d'abord sa capacité à engendrer des prédictions testables et à les voir, dans la grande majorité des cas, corroborées par les études empiriques. De manière plus fondamentale, l'attrait de l'approche en termes de coûts de transaction réside dans le large spectre des questions traitées par la théorie. Si initialement elle se préoccupait de questions très centrées autour du *make-or-buy*, les développements proposés ces dernières années permettent d'appréhender d'autres problématiques, bien plus larges, comme l'impact des institutions sur la croissance ou l'organisation du changement institutionnel.

Cet élargissement des problématiques traitées constitue à la fois une force et une faiblesse. Une force, bien évidemment, en raison de l'attrait qu'exerce la théorie des coûts de transaction — elle apparaît comme une boîte à outils efficace pour la compréhension de phénomènes économiques majeurs. Une faiblesse aussi car l'approche en termes de coûts de transaction ne pourra pas faire l'économie d'une analyse des complémentarités des mécanismes institutionnels, relationnels et explicites dans les structures de gouvernance qui sont mises en place par les agents pour piloter leurs activités. Or cette analyse n'en est qu'à ses débuts.

# Repères bibliographiques


AFFUSO L. et NEWBERRY D.M.G. [2002], « The impact of structural and contractual arrangements on a vertically separated railway », *The Economic and Social Review*, vol. 33, n° 1, p. 83-92.

ALCHIAN A. et DEMSETZ H. [1972], « Production, information costs, and economic organization », *American Economic Review*, vol. 62, p. 777-795.

ANDERSON E. [1985], « The salesperson as outside agent or employee : a transaction cost analysis », *Marketing Science*, vol. 4, p. 234-254.

ANDERSON E. et GATIGNON H. [2005], « Firms and the creation of new markets », *in* MÉNARD C. et SHIRLEY M. (dir.), *Handbook of New Institutional Economics*, Kluwer Academic Press, Cambridge.

ANDERSON E. et SCHMITTLEIN D.C. [1984], « Integration of the sales force : an empirical examination », *Rand Journal of Economics*, vol. 15, p. 3-19.

ANDERSON E. et WEITZ B. [1986], « Make-or-buy decisions : vertical integration and marketing productivity », *Sloan Management Review*, vol. 27, p. 3-20.

ANG S. et BEATH C.M. [1993], « Hierarchical elements in software contracts », *Journal of Organizational Computing*, vol. 3, p. 329-361.

ARMOUR H.O. et TEECE D. [1978], « Organizational structure and economic performance », *Bell Journal of Economics*, vol. 9, n° 1, p. 106-122.

ARROW K.J. [1969], « The organization of economic activity : issues pertinent to the choice of market *versus* non-market allocation », *The Analysis and Evaluation of Public Expenditures : The PBB System*, Government Printing Office, Washington DC.

ARTZ K. et BRUSH T.H. [2000], « Asset specificity, uncertainty and relational norms : an examination of coordination costs in collaborative strategic alliances », *Journal of Economic Behavior and Organization*, vol. 42, n° 4, p. 337-362.

ATHIAS L. et SAUSSIER S. [2007], « Un partenariat public-privé rigide ou flexible ? Théorie et application aux contrats de concessions routières à péage », *Revue économique*, mai.

BAJARI P., HOUGHTON S. et TADELIS S. [2006], « Bidding for incomplete contracts », document de travail non publié.

BAJARI P., MCMILLAN R. et TADELIS S. [2003], « Auctions *versus* negotiations in procurement : an empirical analysis », document de travail non publié.

BAJARI P. et TADELIS S. [2001], « Incentives *versus* transaction costs : a theory of procurement contracts », *Rand Journal of Economics*, vol. 32, n° 3, p. 387-407.

BAKER G., GIBBONS R. et MURPHY K.J. [2004], « Strategic alliances : bridges between islands of conscious power », document de travail non publié.

BALAKRISHNAN S. et WERNEFELT B. (1986), « Technical change, competition and vertical. Integration », *Strategic Management Journal*, vol. 7, p. 347-359.

BARNARD C. [1938], *The Function of the Executive*, Harvard University Press, Cambridge.

BAUDRY B. [1995], *L'Économie des relations interentreprises*, La Découverte, « Repères », Paris.

BERLE A. et MEANS G.C. [1932], *The Modern Corporation and Private Property*, Commerce Clearing House, New York.

BRADACH J.L. [1997], « Using plural form in the management of restaurant chains », *Administrative Science Quarterly*, vol. 42, p. 276-303.

BRÉCHEMIER D. et SAUSSIER S. [2001], « What governance structures for non-contractible services ? », *in* PLUNKET A., VOISIN C. et BELLON B. (dir.), *The Dynamics of Industrial Collaboration*, Edward Elgar, Cheltenham, p. 35-54.

BROUSSEAU E. et GLACHANT J.-M. [2000], « Économie des contrats et renouvellements de l'analyse économique », *Revue d'économie industrielle*, vol. 92, p. 23-50.

CAMERON S. et COLLINS A. [1997], « Transaction costs and partnerships : the case of rock bands », *Journal of Economic Behavior and Organization*, vol. 32, p. 171-183.

CARTER R. et HODGSON G.M. [2006], « The impact of empirical tests of transaction cost economics on the debate on the nature of the firm », *Strategic Management Journal*, vol. 27, p. 461-473.

CHEUNG S. [1983], « The contractual nature of the firm », *Journal of Law and Economics*, vol. 26, p. 1-22.

CHIAPPORI P.-A. et SALANIÉ B. [2003], « Testing contract theory : a survey of some recent work », *in* DEWATRIPONT M., HANSEN L. et TURNOVSKY S. (dir.), *Advances in Economics and Econometrics*, vol. 1, Cambridge University Press, Cambridge/New York.

CHONG E. et HUET F. [2006], « Partenariats public-privé et investissements de fin de contrat : le cas de l'industrie de l'eau en france », *Document de travail ATOM*, Université Paris-I.

CHONG E., HUET F., SAUSSIER S. et STEINER F. [2006], « Public-Private partnerships and prices : evidence from water distribution in France », *Review of Industrial Organization*, vol. 29, n° 1-2, p. 149-169.

CLAGUE C. [1993], « Rule obedience, organizational loyalty, and economic development », *Journal of Institutional and Theoretical Economics*, juin, p. 393-414.

COASE R.H. [1937], « The nature of the firm », *Economica*, nouvelles séries, vol. 4, p. 386-405.

— [1960], « The problem of social cost », *Journal of Law and Economics*, vol. 3, p. 1-44.

— [1988], « The nature of the firm : origin, meaning, influence », *Journal of Law, Economics and Organization*, vol. 4, p. 3-59.

— [1992], « The institutional structure of production », *American Economic Review*, vol. 82, p. 713-719.

— [2000], « L'économie néo-institutionnelle », *Revue d'économie industrielle*, vol. 92, p. 51-54.

COLES J.W. et HESTERLY W.S. [1998], « The impact of firm-specific assets and the interaction of uncertainty : an examination of make-or-buy decisions in public and private hospitals », *Journal of Economic Behavior and Organization*, vol. 36, p. 383-409.

COMBE E. [2005], *Économie et politique de la concurrence*, Dalloz, Paris.

CORTS K. et SINGH J. [2004], « The effect of repeated interaction on contract choice : evidence from offshore drilling », *Journal of Law, Economics and Organization*, vol. 20, n° 1, p. 230-260.

CROCKER K.J. et MASTEN S.E. [1988], « Mitigating contractual hazard : unilateral options and contract length », *Rand Journal of Economics*, vol. 19, p. 327-343.

— [1991], « *Pretia ex machina* ? Prices and process in long term contracts », *Journal of Law and Economics*, vol. 34, p. 64-99.

— [1996], « Regulation and administered contracts revisited : lessons from transaction-cost economics for public utility regulation », *Journal of Regulatory Economics*, vol. 9, p. 5-39.

CROCKER K.J. et REYNOLDS K.J. [1993], « The efficiency of incomplete contracts : an empirical analysis of air force engine procurement », *Rand Journal of Economics*, vol. 24, p. 126-146.

DEMSETZ H. [1968], « Why regulate utilities ? », *Journal of Law and Economics*, vol. 11, p. 55-66.

DESRIEUX C. [2006], « Le rôle de l'autorité publique dans la gestion des services publics locaux. Une approche par la théorie des contrats incomplets », *Revue économique*, vol. 57, n° 3, p. 529-540.

DIXIT A.K. [1998], *The Making of Economic Policy : A Transaction-Cost Politics Perspective*, MIT Press, Cambridge.

DYER J.H. [1996], « Does governance matter ? Keiretsu alliances and asset specificity as sources of Japanese competitive advantage », *Organization Science*, vol. 7, p. 649-666.

ECCLES R. [1981], « The quasifirm in the construction industry », *Journal of Economic Behavior and Organization*, vol. 2, p. 335-357.

ELFENBEIN D.W. et LERNER J. [2003], « Ownership and control rights in internet portal alliances », *Rand Journal of Economics*, vol. 34, n° 2, p. 356-369.

ESTACHE A. [2006], « PPI partnerships *vs*. PPI divorces in LDCs », *Review of Industrial Organization*, vol. 29, n° 1-2, p. 3-26.

FARES M. et SAUSSIER S. [2001], « Contrats incomplets et coûts de transaction », *Revue française d'économie*, vol. 2/3, p. 193-230.

FARRELL J. et SCOTCHMER S. [1988], « Partnerships », *Quarterly Journal of Economics*, vol. 103, p. 279-297.

GARROUSTE P. et SAUSSIER S. [2005], « The alternative theories of the firm », *Journal of Economic Behavior and Organization*, vol. 58, n° 2, p. 178-199.

GHOSHAL S. et MORAN P. [1996], « Bad for practice : a critique of the transaction cost theory », *The Academy of Management Review*, vol. 21, p. 13-47.

GIBBONS R. [1998], « Incentives in organizations », *Journal of Economic Perspectives*, vol. 12, n° 4, p. 115-132.

— [2005], « Four formal(izable) theories of the firm ? », *Journal of Economic Behavior and Organization*, vol. 58, n° 2, p. 200-245.

GOLDBERG V.P. [1976], « Regulation and administered contracts », *Bell Journal of Economics*, vol. 7, p. 426-448.

— [1985], « Price adjustment in long term contracts », *Wisconsin Law Review*, p. 527-543.

GOLDBERG V.P. et ERICKSON J.R. [1987], « Quantity and price adjustment in long-term contracts : a case study of petroleum coke », *Journal of Law and Economics*, vol. 30, p. 369-398.

GONZÁLES-DIAZ M., ARRUÑADA B. et FERNÁNDEZ A. [2000], « Causes of subcontracting : evidence from panel data on construction firms », *Journal of Economic Behavior and Organization*, vol. 42, p. 167-187.

GROSSMAN S.J. et HART O.D. [1986], « The costs and benefits of ownership : a theory of vertical integration », *Journal of Political Economy*, vol. 94, p. 691-719.

GUASCH J.L. [2004], « Granting and renegotiating infrastructure concessions : doing it right », The World Bank, Washington DC.

GUASCH J.L., LAFFONT J.J. et STRAUB S. [2006], « Renegotiation of concession contracts : a theoretical approach », *Review of Industrial Organization*, vol. 29, n° 1-2, p. 55-73.

GUASCH J.L. et STRAUB S. [2006], « Renegociation of infrastructure concessions : an overview », *Annals of Public and Cooperative Economics*, vol. 77, n° 4, p. 479-493.

GULATI R. et SINGH H. [1998], « The architecture of cooperation : managing coordination costs and appropriation concerns in strategic alliances », *Administrative Science Quarterly*, vol. 43, n° 4, p. 781-814.

HADFIELD G. [1990], « Problematic relations. Franchising and the law of incomplete contracts », *Stanford Law Review*, vol. 42, p. 927-992.

HAMILTON B.A. et NICKERSON J.A. [2003], « Correcting for endogeneity in strategic management research », *Strategic Organization*, vol. 1, n° 1, p. 53-80.

HAMILTON H. [1999], « Property rights and transaction costs in marriage : evidence from prenuptial contracts », *Journal of Economic History*, vol. 59 ; n° 1, p. 68-103.

HART O.D. [1988], « Incomplete contracts and the theory of the firm », *Journal of Law, Economics, and Organization*, vol. 4, p. 119-141.

— [1990], « Is bounded rationality an important element of a theory of institutions ? », *Journal of Institutional and Theoretical Economics*, vol. 146, p. 696-702.

— [1995], *Firms, Contracts and Financial Structure*, Clarendon Lectures in Economics, Oxford University Press, New York.

HART O.D. et MOORE J.M. [1988], « Incomplete contracts and renegociations », *Econometrica*, vol. 56, p. 755-785.

HAYEK F.A. [1945], « The use of knowledge in society », *American Economic Review*, vol. 35, n° 4, p. 519-530.

HEIDE J. et JOHN G. [1988], « The role of dependence balancing in safeguarding transaction-specific assets in conventional channels », *Journal of Marketing*, vol. 52, p. 20-35.

HELFAT C. et TEECE D.J. [1987], « Vertical integration and risk reduction », *Journal of Law, Economics, and Organization*, vol. 3, n° 1, p. 47-67.

HENISZ W.J. [2000], « The institutional environment for economic growth », *Economics and Politics*, vol. 12, n° 1, p. 1-31.

HENISZ W.J. et WILLIAMSON O.E. [1999], « Comparative economic organization : within and between countries », *Business and Politics*, vol. 1, n° 3, p. 261-276.

HENISZ W.J. et ZELNER B.A. [2001], « The institutional environment for telecommunications investment », *Journal of Economics and Management Strategy*, vol. 10, n° 1, p. 7-45.

HOLMSTRÖM B. et MILGROM P. [1994], « The firm as an incentive system », *American Economic Review*, vol. 84, p. 972-991.

HOLMSTRÖM B. et ROBERTS J. [1998], « The boundaries of the firm revisited », *Journal of Economic Perspective*, vol. 12, p. 73-94.

HUET F. et SAUSSIER S. [2003], « The provision of public interest services through private law contracts », *European Business Organization Law Review*, vol. 4, p. 403-428.

JOSKOW P.L. [1985], « Vertical integration and long-term contracts : the case of coal-burning electric generating plants », *Journal of Law, Economics and Organization*, vol. 1, p. 33-80.

— [1987], « Contract duration and relationship-specific investment : empirical evidence from coal markets », *American Economic Review*, vol. 77, p. 168-185.

— [1988a], « Price adjustment in long term contracts : the case of coal », *Journal of Law and Economics*, vol. 31, p. 47-83.

— [1988b], « Asset specificity and the structure of vertical relationships : empirical evidence », *Journal of Law Economics and Organization*, vol. 4, p. 95-117.

— [1990], « The performance of long term contracts : further evidence from coal market », *Rand Journal of Economics*, vol. 21, p. 251-274.

KEEFER P. et KNACK S. [1997], « Why don't poor countries catch up ? A cross country test of an institutional explanation », *Economic Inquiry*, vol. 35, n° 3, p. 590-602.

KERKVLIET J. et SHOGREN J.F. [2001], « The determinant of coal contract duration for the powder river bassin », *Journal of Institutional and Theoretical Economics*, vol. 157, p. 608-622.

KLEIN B. [1980], « Transaction costs determinants of "unfair" contractual arrangements », *American Economic Review*, vol. 70, p. 356-362.

— [1988], « Vertical integration and long term contracts : the Fisher Body-General Motors relationship revisited », *Journal of Law, Economics and Organization*, vol. 4, p. 199-213.

Klein B., Crawford V.P. et Alchian A. [1978], « Vertical integration, appropriable quasi-rents and the competitive contracting process », *Journal of Law and Economics*, vol. 21, p. 297-326.

Klein P. [2005], « The make-or-buy decision : lessons from empirical studies », *in* Ménard C. et Shirley M.M. (dir.) [2005], *Handbook of New Institutional Economics*, Kluwer Academic Press, Boston, p. 435-64.

Klein S. [1989], « A transaction cost explanation of vertical control in international markets », *Journal of the Academy of Marketing Science*, vol. 17, p. 520-560.

Kreps D.M. [1996], « Markets and hierarchies and (mathematical) economic theory », *Industrial and Corporate Change*, vol. 5, p. 561-597.

Laffont J.-J. [2003], « Enforcement, regulation and development », *Journal of African Economies*, vol. 12, nº 2, p. 193-211.

— [2005], *Regulation and Development*, Cambridge University Press, New York.

Laffont J.-J. et Martimort D. [2002], *The Theory of Incentives : The Principal-Agent Model*, Princeton University Press, Princeton.

Lafontaine F. et Raynaud E. [2002], « The role of residual claims and self-enforcement in franchise contracting », *NBER Working Paper*, nº 8868.

Lafontaine F. et Shaw K.L. [2005], « Targeting managerial control : evidence from franchising », *Rand Journal of Economics*, vol. 36, p. 131-150.

Lafontaine F. et Slade M. [1999], « Retail contracting : theory and practice », *Journal of Industrial Economics*, vol. 45, p. 1-25.

Lazear E. [1987], « Incentives contracts », *in* Eatwell J., Milgate M. et Newman P. (dir.), *The New Palgrave : Allocation, Information and Markets*, MacMillan, Londres, p. 152-163.

— [2000], « Performance pay and productivity », *American Economic Review*, vol. 90, p. 1346-1361.

Leffler K.B. et Rucker R.R. [1991], « Transaction costs and the efficient organization of production : a study of timber harvesting contracts », *Journal of Political Economy*, vol. 99, p. 1060-1087.

Leffler K.B., Rucker R.R. et Munn I.A. [2000], « Transaction costs and the collection of information : presale measurement on private timber sales », *Journal of Law, Economics and Organization*, vol. 16, p. 166-188.

Leiblein M.J., Reuer J.J. et Dalsace F. [2002], « Do make-or-buy decisions matter ? The influence of organizational governance on technological performance », *Strategic Management Journal*, vol. 23, p. 817-833.

Levin J. et Tadelis S. [2004], « Employment *versus* contracting in procurement : theory and evidence from U.S. cities », document de travail non publié.

Levy D. [1985], « The transaction cost approach to vertical integration :

an empirical examination », *Review of Economics and Statistics*, vol. 67, p. 438-445.

LYONS B.R. [1995], « Specific investment, economies of scale, and the make-or-buy decision : a test of transaction cost theory », *Journal of Economic Behaviour and Organization*, vol. 26, p. 431-443.

— [1996], « Empirical relevance of efficient contract theory : inter-firm contracts », *Oxford Review of Economic Policy*, vol. 12, n° 4, p. 27-52.

MACCAULAY S. [1963], « Non-contractual relations in business : a preliminary study », *American Sociological Review*, vol. 28, p. 55-69.

MACHER J. et RICHMAN B.D. [2006], « Transaction cost economics : an assessment of empirical research in the social sciences », document de travail, Duke Law School.

MACNEIL I.R. [1974], « The many features of contracts », *Southern California Law Review*, vol. 47, p. 691-816.

MARTIMORT D. et SAND-ZANTMAN W. [2007], « Signaling and the design of delegated management contracts for public utilities », *Rand Journal of Economics*, à paraître.

MARTY F., TROSA S. et VOISIN A. [2006], *Les Partenariats public-privé*, La Découverte, « Repères », Paris.

MASTEN S.E. [1984], « The organization of production : evidence from the aerospace industry », *Journal of Law and Economics*, vol. 27, p. 403-417.

— [1988a], « Minimum bill contracts : theory and policy », *Journal of Industrial Economics*, vol. 37, p. 85-97.

— [1988b], « Equity, opportunism and the design of contractual relations », *Journal of Institutional and Theoretical Economics*, vol. 144, p. 180-195.

— [1988c], « A legal basis for the firm », *Journal of Law, Economics and Organization*, vol. 4, p. 181-198.

— [1993], « Transaction costs, mistakes, and performance : assessing the importance of governance », *Managerial and Decision Economics*, vol. 14, p. 119-129.

— [1995], « Empirical research in transaction-cost economics : challenges, progress, directions », *in* GROENEWEGEN J. (dir.), *Transaction Cost Economics and Beyond*, Kluwer Academic Press, Amsterdam.

— [2000], « Contractual choice », *in* BOUKAERT B. et DE GEEST G. (dir.), *Encyclopedia of Law and Economics*, vol. III, *The Regulation of Contracts*, p. 25-45, Edward Elgar, Cheltenham.

MASTEN S.E. et CROCKER K. J [1985], « Efficient adaptation in long term contracts : take-or-pay provisions for natural gas », *American Economic Review*, vol. 75, p. 1083-1093.

MASTEN S.E., MEEHAN J.W. et SNYDER E.A. [1991], « Costs of organization », *Journal of Law, Economics and Organization*, vol. 7, n° 1, p. 1-27.

MASTEN S.E. et SAUSSIER S. [2000], « Econometrics of contracts : an assessment of developments in the empirical literature of contracting », *Revue d'économie industrielle*, vol. 92, p. 215-236.

MASTERS J.K. et MILES G. [2002], « Predicting the use of external labor arrangements : a test of the transaction cost perspective », *Academy of Management Journal*, vol. 45, p. 431-442.

MATTHEWSON F. et WINTER R. [1985], « The economics of franchise contracts », *Journal of Law & Economics*, vol. XXVIII, p. 503-526.

MAYER K.J. et NICKERSON J.A. [2005], « Antecedents and performance implications of contracting for knowledge workers : evidence from information technology services », *Organization Science*, vol. 16, n° 3, p. 225-242.

MÉNARD C. [1994], « Organization as coordinating devices », *Metroeconomica*, vol. 45, p. 224-247.

— [1995], « Market as institutions *versus* organizations as markets ? Disentangling some fundamental concepts », *Journal of Economic Behaviour and Organization*, vol. 28, p. 161-182.

— [1996], « On clusters, hybrids and other strange forms : the case of the French poultry industry », *Journal of Institutional and Theoretical Economics*, vol. 152, p. 154-183.

— [2004a], « The economics of hybrid organizations », *Journal of Institutional and Theoretical Economics*, vol. 160, n° 3, p. 345-376.

— [2004b], *L'Économie des organisations*, La Découverte, « Repères », Paris.

MÉNARD C. et SAUSSIER S. [2000], « Contractual choice and performance : the case of water supply in France », *Revue d'économie industrielle*, vol. 92, p. 385-404.

— [2003], « La délégation de service public comme mode organisationnel efficace de la distribution d'eau en France : théories et évidences empiriques », *Économie publique*, vol. 12, p. 99-129.

MÉNARD C. et SHIRLEY M.M. (dir.) [2005], *Handbook of New Institutional Economics*, Kluwer Academic Press, Boston.

MILGROM P. et ROBERTS J. [1992], *Economics, Organization and Management*, Prentice-Hall, Englewood Cliffs.

MINKLER A.P. et PARK T.A. [1994], « Asset specificity and vertical integration in franchising », *Review of Industrial Economics*, vol. 9, p. 409-423.

MONTEVERDE K et TEECE D. [1982a], « Supplier switching costs and vertical integration in the automobile industry », *Bell Journal of Economics*, vol. 13, p. 206-213.

— [1982b], « Appropriable rents and quasi-vertical integration », *Journal of Law and Economics*, vol. 25, p. 321-327.

MULHERIN J.H. [1986], « Complexity in long term contracts : an analysis of natural gas contract provisions », *Journal of Law, Economics and Organization*, vol. 2, p. 105-117.

NICKERSON J.A. et SILVERMAN B.S. [2003], « Why firms want to organize efficiently and what keeps them from doing so : evidence from the for-hire trucking industry », *Administrative Science Quarterly*, vol. 48, n° 3, p. 433-465.

NORTH D.C. [1981], *Structure and Change in Economic History*, Norton, New York.

— [1990], *Institutions, Institutional Change and Economic Performance*, Cambridge University Press, New York.

— [1991], « Institutions », *Journal of Economic Perspective*, vol. 5, n° 1, p. 97-112.

— [2005], *Understanding the Process of Economic Change*, Princeton University Press, Princeton.

OXLEY J.E. [1997], « Appropriability hazards and governance in strategic alliances : a transaction cost approach », *Journal of Law, Economics and Organization*, vol. 13, n° 2, p. 387-409.

— [1999], « Institutional environment and the mechanisms of governance : the impact of intellectual property protection on the structure of inter-firm alliances », *Journal of Economic Behavior and Organization*, vol. 38, p. 283-309.

PALAY T.M. [1984], « Comparative institutional economics : the governance of rail freight contracting », *Journal of Legal Studies*, vol. 13, p. 265-287.

PÉNARD T., RAYNAUD E. et SAUSSIER S. [2004], « Théorie des contrats et réseaux de franchise : analyse et enseignement », *Revue française d'économie*, vol. 18, p. 151-192.

PIRRONG S.C. [1993], « Contracting practices in bulk shipping markets : a transactions cost explanation », *Journal of Law and Economics*, vol. 36, p. 937-976.

PISANO G.P. [1990], « Using equity participation to support exchange : evidence from the biotechnology industry », *Journal of Law, Economics and Organization*, vol. 5, p. 109-126.

PITTMAN R.W. [1992], « Specific investments, contracts and opportunism : the evolution of railroad sidetrack agreements », *Journal of Law and Economics*, vol. 34, n° 2, p. 565-589.

PLUNKET A. et SAUSSIER S. [2003], « Human asset specificity in alternative theories of the firm : how to rule out competing views ? », *Économie et Institutions*, vol. 3, p. 103-130.

POPPO L. et ZENGER T. [1998], « Testing alternative theories of the firm : transaction cost, knowledge-based, and measurement explanations for make-or-buy decisions in information services », *Strategic Management Journal*, vol. 19, p. 853-877.

— [2002], « Do formal contracts and relational governance function as substitute or complement ? », *Strategic Management Journal*, vol.23, p. 707-725.

PORTER P.K. et SCULLY G.W. [1987], « Economic efficiency in cooperatives », *Journal of Law and Economics*, vol. 30, p. 489-512.

POWELL W.W. [1996], « Inter-Organisational collaboration in the biotechnology industry », *Journal of Institutional and Theoretical Economics*, vol. 152, p. 197-215.

PRAGER R.A. [1989], « Franchise bidding for natural monopoly : the case of cable television in Massachusetts », *Journal of Regulatory Economics*, vol. 1, p. 115-132.

— [1990], « Firm behavior in franchise monopoly markets », *Rand Journal of Economics*, vol. 21, p. 211-225.

PRIEST G.L. [1993], « The origins of utility regulation and the "theories of regulation" debate », *Journal of Law and Economics*, vol. 36, p. 289-323.

REGAN L. [1997], « Vertical integration in the property-liability insurance industry : a transaction cost approach », *Journal of Risk and Insurance*, vol. 64, p. 41-62.

Rey P. [1997], « Impact des accords verticaux entre producteurs et distributeurs », *Revue française d'économie*, vol. 12, p. 3-56.

Riordan M.H. et Williamson O. E. [1985], « Asset specificity and economic organization », *International Journal of Industrial Organization*, vol. 3, p. 365-378.

Rubin P. [1978], « The theory of the firm and the structure of franchise contracts », *Journal of Law and Economics*, vol. XXI, p. 223-232.

Sampson R.C. [2004], « The cost of misaligned governance in R&D alliances », *Journal of Law, Economics and Organization*, vol. 20, n° 2, p. 484-526.

Sappington D. et Stiglitz J. [1987], « Privatization, information and incentives », *Journal of Policy Analysis and Management*, vol. 6, p. 567-582.

Saussier S. [1998], « La durée des contrats interentreprises », *Économie et Prévision*, vol. 135, p. 137-146.

— [1999], « Contract duration and transaction costs : an econometrical test », *Louvain Economic Research*, vol. 65, p. 3-21.

— [2000a], « Contractual completeness and transaction costs : the case of EDF », *Journal of Economic Behavior and Organization*, vol. 42, p. 189-206.

— [2000b], « When incomplete contract theory meets transaction cost economics : a test », *in* Ménard C. (dir.), *Institutions, Contracts, Organizations, Perspectives from New-Institutional Economics*, Edward Elgar, Cheltenham, p. 376-399.

— [2000c], « Coûts de transaction et choix contractuels : un test économétrique sur une entreprise publique », *Économie et Prévision*, vol. 145, p. 169-181.

Shirley M. [2002], *Thirsting for Efficiency : The Economics and Politics of Urban Water System Reform*, Pergamon, New York.

Silverman B.S., Nickerson J.A. et Freeman J. [1997], « Profitability, transactional alignment and organizational mortality in the U.S. trucking industry », *Strategic Management Journal*, vol. 18, p. 31-52.

Simon H. [1955], « A behavioural model of rational choice », *Quarterly Journal of Economics*, vol. 69, p. 99-118.

— [1961], *Administrative Behaviour*, MacMillan, New York, 2e éd.

— [1991], « Organizations and markets », *Journal of Economic Perspectives*, vol. 5, n° 2, p. 25-44.

Steer P. et Cable J. [1978], « International organization and profit : an empirical analysis of large UK companies », *Journal of Industrial Economics*, vol. 27, n° 1, p. 13-30.

Stigler G.J. et Friedland C. [1962], « What can the regulators regulate : the case of electricity », *Journal of Law and Economics*, vol. 5, p. 1-16.

Stiglitz J.E. [1974], « Incentives and risk sharing in sharecropping », *Review of Economic Studies*, vol. 41, p. 219-255.

Stinchcombe A.L. [1985], « Contracts as hierarchical documents », *in* Stinchcombe A. et Heimer C., *Organizational Theory and Project Management : Administering Uncertainty in*

*Norwegian Offshore Oil*, Norwegian University Press, Bergen.

STUMP R.L. et HEIDE J.B. [1996], « Controlling supplier opportunism in industrial relationships », *Journal of Marketing Research*, vol. 33, p. 431-441.

TEECE D.J. [1981], « Internal organization and economic performance : an analysis of the profitability of principal firms », *Journal of Industrial Economics*, vol. 30, n° 2, p. 173-200.

TIROLE J. [1999], « Incomplete contracts : where do we stand ? », *Econometrica*, vol. 67, p. 741-781.

WALKER G. et POPPO L. [1991], « Profit centres, single-source suppliers, and transaction costs », *Administrative Science Quarterly*, vol. 36, p. 66-87.

WALKER G. et WEBER D. [1984], « A transaction cost approach to make-or-buy decisions », *Administrative Science Quarterly*, vol. 29, p. 373-391.

— [1987], « Supplier competition, uncertainty, and make-or-buy decisions », *Academy of Management Journal*, vol. 30, p. 589-596.

WHINSTON M. [2003], « On the transaction cost determinants of vertical integration », *Journal of Law, Economics and Organization*, vol. 19, p. 1-23.

WILLIAMSON O.E. [1968], « Economies as an antitrust defense : the welfare tradeoffs », *American Economic Review*, vol. 58, p. 18-36.

— [1971], « The vertical integration of production : market failure considerations », *American Economic Review*, vol. 61, p. 112-123.

— [1973], « Organizational forms and internal efficiency. Markets and hierarchies : some elementary considerations », *American Economic Review*, vol. 3, p. 316-325.

— [1975], *Markets and Hierarchies : Analysis and Antitrust Implications. A Study in the Economics of Internal Organization*, Free Press, New York.

— [1976], « Franchise bidding for natural monopolies. In general and with respect to CATV », *Bell Journal of Economics*, vol. 7, p. 73-104.

— [1979], « The governance of contractual relations », *Journal of Law and Economics*, vol. 22, p. 3-61.

— [1981], « The modern corporation : origins, evolution, attributes », *Journal of Economic Literature*, vol. XIX, p. 1537-1568.

— [1983], « Credible commitments : using hostages to support exchange », *American Economic Review*, vol. 73, p. 519-540.

— [1985], *The Economic Institutions of Capitalism*, Free Press, New York.

— [1989], « Transaction cost economics », *in* SCHMALENSEE R. et WILLIG R. (dir.), *Handbook of Industrial Organization*, North-Holland, New York, p. 135-182.

— [1990], « The firm as a nexus of treaties », *in* AOKI M., GUSTAFSSON B. et WILLIAMSON O., *The Firm as a Nexus of Treaties*, Sage Publications, Londres.

— [1991], « Comparative economic organization. The analysis of discrete structural alternatives », *Administrative Science Quarterly*, vol. 36, n° 2, p. 269-296.

— [1993a], « The evolving science of organization », *Journal of Institutional and Theoretical Economics*, vol. 189, p. 36-63.

— [1993b], « Opportunism and its critics », *Managerial and Decision Economics*, p. 97-107.

— [1993c], « The economic analysis of institutions and organisations. In general and with respect to country studies », *Working Paper*, n° 133, OCDE.

— [1996], *The Mechanisms of Governance*, Oxford University Press, Oxford.

— [1999a], « Transaction cost economics : how it works, where it is headed », *Die Economist*, vol. 146, p. 23-58.

— [1999b], « Public and private bureaucracies : a transaction cost economics perspective », *Journal of Law, Economics and Organization*, vol. 15, n° 1, p. 306-342.

— [2000], « The new institutional economics : taking stock, looking ahead », *Journal of Economic Literature*, vol. 38, p. 595-613.

Williamson O.E. et Masten S.E. [1995], *Transaction Cost Economics*, Edward Elgar, Aldershot.

Yvrande-Billon A. [2003], « Les déterminants du choix de la durée des contrats dans la nouvelle structure ferroviaire britannique », *Cahiers scientifiques du transport*, vol. 43, p. 147-163.

— [2006], « The attribution process of delegation contracts in the French urban public transport sector : why competitive tendering is a myth », *Annals of Public and Cooperative Economics*, vol. 77, p. 453-478.

Yvrande-Billon A. et Ménard C. [2005], « Institutional constraints and organizational changes : the case of the British rail reform », *Journal of Economic Behavior and Organization*, vol. 57, n° 4, p. 675-699.

Yvrande-Billon A. et Saussier S. [2005], « Do organization choices matter ? Assessing the importance of governance through performance comparisons », *in* James H.S. (dir.), *New Ideas in Contracting and Organizational Economics Research*, Nova Science Publishers, New York, p. 71-87.

Zupan M.A. [1989a], « The efficacy of franchise bidding schemes in the case of cable television : some systematic evidence », *Journal of Law and Economics*, vol. 32, p. 401-456.

— [1989b], « Cable franchise renewals : do incumbent firms behave opportunistically ? », *Rand Journal of Economics*, vol. 20, p. 473-482.

— [1989c], « A test for regulatory lag and the role played by periodic contract renewals in mitigating such lag in local cable franchise relationships », *Journal of Regulatory Economics*, vol. 1, p. 1-20.

# Table des matières

Collection

# R E P È R E S

*dirigée par*

JEAN-PAUL PIRIOU (de 1987 à 2004), *puis par* PASCAL COMBEMALE,

*avec* STÉPHANE BEAUD, ANDRÉ CARTAPANIS, BERNARD COLASSE, FRANÇOISE DREYFUS, YANNICK L'HORTY, PHILIPPE LORINO, DOMINIQUE MERLLIÉ, MICHEL RAINELLI et YVES WINKIN.

## ÉCONOMIE

**Aide publique au développement (L')**, n° 476, Olivier Charnoz et Jean-Michel Severino.

**Allocation universelle (L')**, n° 412, Philippe Van Parijs et Yannick Vanderborght.

**Balance des paiements (La)**, n° 359, Marc Raffinot et Baptiste Venet.

**Bourse (La)**, n° 317, Daniel Goyeau et Amine Tarazi.

**Budget de l'État (Le)**, n° 33, Maurice Baslé.

**Calcul économique (Le)**, n° 89, Bernard Walliser.

**Capitalisme financier (Le)**, n° 356, Laurent Batsch.

**Capitalisme historique (Le)**, n° 29, Immanuel Wallerstein.

**Chômage (Le)**, n° 22, Jacques Freyssinet.

**Commerce international (Le)**, n° 65, Michel Rainelli.

**Comptabilité nationale (La)**, n° 57, Jean-Paul Piriou.

**Concurrence imparfaite (La)**, n° 146, Jean Gabszewicz.

**Consommation des Français (La) :**
**1.** n° 279 ;
**2.** n° 280, Nicolas Herpin et Daniel Verger.

**Coût du travail et emploi**, n° 241, Jérôme Gautié.

**Croissance, emploi et développement.** *Les grandes questions économiques et sociales I*, n° 488, J.-P. Deléage, J. Gautié, B. Gazier, D. Guellec, Y. L'Horty et J.-P. Piriou.

**Croissance et richesse des nations**, n° 419, Pascal Petit.

**Démographie (La)**, n° 105, Jacques Vallin.

**Déséquilibres financiers internationaux (Les)**, n° 491, Anton Brender et Florence Pisani.

**Développement soutenable (Le)**, n° 425, Franck-Dominique Vivien.

**Développement économique de l'Asie orientale (Le)**, n° 172, Éric Bouteiller et Michel Fouquin.

**Différenciation des produits (La)**, n° 470, Jean Gabszewicz.

**Dilemne du prisonnier (Le)**, n° 451, Nicolas Eber.

**Économie des changements climatiques**, n° 414, Sylvie Faucheux et Haitham Joumni.

**Économie bancaire**, n° 268, Laurence Scialom.

**Économie britannique depuis 1945 (L')**, n° 111, Véronique Riches.

**Économie de l'Afrique (L')**, n° 117, Philippe Hugon.

**Économie de l'éducation**, n° 409, Marc Gurgand.

**Économie de l'environnement (L')**, n° 252, Pierre Bontems et Gilles Rotillon.

**Économie de l'euro**, n° 336, Agnès Benassy-Quéré et Benoît Cœuré.

**Économie française 2007 (L')**, n° 463, OFCE.

**Économie de l'innovation**, n° 259, Dominique Guellec.

**Économie de la Chine (L')**, n° 378, Françoise Lemoine.

**Économie de la connaissance (L')**, n° 302, Dominique Foray.

**Économie de la culture (L')**, n° 192, Françoise Benhamou.

**Économie de la distribution**, n° 372, Marie-Laure Allain et Claire Chambolle.

**Économie de la drogue**, n° 213, Pierre Kopp.

**Économie de la firme**, n° 361, Bernard Baudry.

**Économie de la propriété intellectuelle**, n° 375, François Lévêque et Yann Ménière.

**Économie de la qualité**, n° 390, Bénédicte Coestier et Stéphan Marette.

**Économie de la réglementation (L')**, n° 238, François Lévêque.

**Économie de la RFA (L')**, n° 77, Magali Demotes-Mainard.

**Économie de la Russie (L')**, n° 436, François Benaroya.

**Économie de l'Inde (L')**, n° 443, Jean-Joseph Boillot.

**Économie des coûts de transaction**, n° 407, Stéphane Saussier et Anne Yvrande-Billon.

**Économie des États-Unis (L')**, n° 341, Hélène Baudchon et Monique Fouet.

**Économie des fusions et acquisitions**, n° 362, Nathalie Coutinet et Dominique Sagot-Duvauroux.

**Économie des inégalités (L')**, n° 216, Thomas Piketty.

**Économie des logiciels**, n° 381, François Horn.

**Économie des organisations (L')**, n° 86, Claude Menard.

**Économie des relations interentreprises (L')**, n° 165, Bernard Baudry.

**Économie des réseaux**, n° 293, Nicolas Curien.

**Économie des ressources humaines**, n° 271, François Stankiewicz.

**Économie des ressources naturelles**, n° 406, Gilles Rotillon.

**Économie du droit**, n° 261, Thierry Kirat.

**Économie du Japon (L')**, n° 235, Évelyne Dourille-Feer.

**Économie du risque pays**, n° 421, Nicolas Meunier et Tania Sollogoub.

**Économie du sport (L')**, n° 309, Jean-François Bourg et Jean-Jacques Gouguet.

**Économie et écologie**, n° 158, Franck-Dominique Vivien.

**Économie expérimentale (L')**, n° 423, Nicolas Eber et Marc Willinger.

**Économie informelle dans le tiers monde**, n° 155, Bruno Lautier.

**Économie institutionnelle (L')**, n° 472, Bernard Chavance.

**Socio-économie des services**, n° 369, Jean Gadrey.

**Système monétaire international (Le)**, n° 97, Michel Lelart.

**Taux de change (Les)**, n° 103, Dominique Plihon.

**Taux d'intérêt (Les)**, n° 251, A. Bénassy-Quéré, L. Boone et V. Coudert.

**Taxe Tobin (La)**, n° 337, Yves Jegourel.

**Théorie de la régulation (La)**, n° 395, Robert Boyer.

**Théorie économique néoclassique (La)** :
**1. Microéconomie**, n° 275,
**2. Macroéconomie**, n° 276,
Bernard Guerrien.

**Théories de la monnaie (Les)**, n° 226, Anne Lavigne et Jean-Paul Pollin.

**Théories des crises économiques (Les)**, n° 56, Bernard Rosier et Pierre Dockès.

**Théories du salaire (Les)**, n° 138, Bénédicte Reynaud.

**Théories économiques du développement (Les)**, n° 108, Elsa Assidon.

**Travail des enfants dans le monde (Le)**, n° 265, Bénédicte Manier.

**Travail et emploi en Europe**, n° 417, John Morley, Terry Ward et Andrew Watt.

**Urbanisation du monde (L')**, n° 447, Jacques Véron.

## SOCIOLOGIE

**Anthropologie des religions (L')**, n° 496, Lionel Obadia.

**Bouddhisme en Occident (Le)**, n° 478, Lionel Obadia.

**Capital social (Le)**, n° 458, Sophie Ponthieux.

**Catégories socioprofessionnelles (Les)**, n° 62, Alain Desrosières et Laurent Thévenot.

**Conditions de travail (Les)**, n° 301, Michel Gollac et Serge Volkoff.

**Critique de l'organisation du travail**, n° 270, Thomas Coutrot.

**Culture matérielle (La)**, n° 431, Marie-Pierre Julien et Céline Rosselin.

**Démocratisation de l'enseignement (La)**, n° 345, Pierre Merle.

**Économie sociale (L')**, n° 148, Claude Vienney.

**Enseignement supérieur en France (L')**, n° 429, Maria Vasconcellos.

**Ergonomie (L')**, n° 43, Françoise Darses et Maurice de Montmollin.

**Étudiants (Les)**, n° 195, Olivier Galland et Marco Oberti.

**Féminin, masculin**, n° 389, Michèle Ferrand.

**Formation professionnelle continue (La)**, n° 28, Claude Dubar.

**Histoire de la sociologie** :
**1. Avant 1918**, n° 109,
**2. Depuis 1918**, n° 110,
Charles-Henry Cuin et François Gresle.

**Histoire du féminisme**, n° 338, Michèle Riot-Sarcey.

**Histoire du travail des femmes**, n° 284, Françoise Battagliola.

**Insécurité en France (L')**, n° 353, Philippe Robert.

**Intérim (L')**, n° 475, Dominique Glaymann.

**Introduction aux *Science Studies***, n° 449, Dominique Pestre.

**Jeunes (Les)**, n° 27, Olivier Galland.

**Jeunes et l'emploi (Les)**, n° 365, Florence Lefresne.

**Méthode en sociologie (La)**, n° 194, Jean-Claude Combessie.

**Méthodes de l'intervention psychosociologique (Les)**, n° 347, Gérard Mendel et Jean-Luc Prades.

**Méthodes en sociologie (Les) : l'observation**, n° 234, Henri Peretz.

**Métiers de l'hôpital (Les)**, n° 218, Christian Chevandier.

**Mobilité sociale (La)**, n° 99, Dominique Merllié et Jean Prévot.

**Modernisation des entreprises (La)**, n° 152, Danièle Linhart.

**Multiculturalisme (Le)**, n° 401, Milena Doytcheva.

**Mutations de la société française (Les).** *Les grandes questions économiques et sociales II*, n° 489, R. Castel, L. Chauvel, D. Merllié, É. Neveu et T. Piketty.

**Notion de culture dans les sciences sociales (La)**, n° 205, Denys Cuche.

**Nouveau système français de protection sociale (Le)**, n° 382, Jean-Claude Barbier et Bruno Théret.

**Personnes âgées (Les)**, n° 224, Pascal Pochet.

**Pouvoir des grands (Le).** *De l'influence de la taille des hommes sur leur statut social*, n° 469, Nicolas Herpin.

**Santé des Français (La)**, n° 330, Haut comité de la santé publique.

**Sciences de l'éducation (Les)**, n° 129, Éric Plaisance et Gérard Vergnaud.

**Société du risque (La)**, n° 321, Patrick Peretti Watel.

**Sociologie de Bordeaux**, n° 492, Émile Victoire.

**Sociologie de Durkheim (La)**, n° 154, Philippe Steiner.

**Sociologie de Erving Goffman (La)**, n° 416, Jean Nizet et Natalie Rigaux.

**Sociologie de Georg Simmel (La)**, n° 311, Frédéric Vandenberghe.

**Sociologie de l'alimentation**, n° 468, F. Régnier, A. Lhuissier et S. Gojard.

**Sociologie de l'architecture**, n° 314, Florent Champy.

**Sociologie de l'argent (La)**, n° 473, Damien de Blic et Jeanne Lazarus.

**Sociologie de l'art**, n° 328, Nathalie Heinich.

**Sociologie de l'éducation**, n° 169, Marlaine Cacouault et Françoise Œuvrard.

**Sociologie de l'emploi**, n° 132, Margaret Maruani et Emmanuèle Reynaud.

**Sociologie de l'immigration**, n° 364, Andrea Rea et Maryse Tripier.

**Sociologie de l'organisation sportive**, n° 281, William Gasparini.

**Sociologie de la bourgeoisie**, n° 294, Michel Pinçon et Monique Pinçon-Charlot.

**Sociologie de la consommation**, n° 319, Nicolas Herpin.

**Sociologie de la famille**, n° 494, Jean-Hugues Déchaux.

**Sociologie de la lecture**, n° 376, Chantal Horellou-Lafarge et Monique Segré.

**Sociologie de la négociation**, n° 350, Reynald Bourque et Christian Thuderoz.

**Sociologie de la prison**, n° 318, Philippe Combessie.

**Sociologie de la ville**, n° 331, Yankel Fijalkow.

**Sociologie de Marx (La)**, n° 173, Jean-Pierre Durand.

**Sociologie de Max Weber (La)**, n° 452, Catherine Colliot-Thélène.

## SCIENCES POLITIQUES-DROIT

## HISTOIRE



## GESTION



## CULTURE-COMMUNICATION

**Histoire sociale du cinéma français**, n° 305, Yann Darré.

**Histoire de la société de l'information**, n° 312, Armand Mattelart.

**Histoire des théories de l'argumentation**, n° 292, Philippe Breton et Gilles Gauthier.

**Histoire des théories de la communication**, n° 174, Armand et Michèle Mattelart.

**Histoire de la philosophie**, n° 95, Christian Ruby.

**Industrie des médias (L')**, n° 439, Jean Gabszewicz et Nathalie Sonnac.

**Industrie du disque (L')**, n° 464, Nicolas Curien et François Moreau.

**Introduction aux sciences de la communication**, n° 245, Daniel Bougnoux.

**Introduction aux *Cultural Studies***, n° 363, Armand Mattelart et Érik Neveu.

**Marché de l'art contemporain (Le)**, n° 450, Nathalie Moureau et Dominique Sagot-Duvauroux.

**Médias en France (Les)**, n° 374, Jean-Marie Charon.

**Mondialisation de la culture (La)**, n° 260, Jean-Pierre Warnier.

**Musée et muséologie**, n° 433, Dominique Poulot.

**Presse des jeunes (La)**, n° 334, Jean-Marie Charon.

**Presse magazine (La)**, n° 264, Jean-Marie Charon.

**Presse quotidienne (La)**, n° 188, Jean-Marie Charon.

**Programmes audiovisuels (Les)**, n° 420, Benoît Danard et Remy Le Champion.

**Psychanalyse (La)**, n° 168, Catherine Desprats-Péquignot.

**Révolution numérique et industries culturelles**, n° 408, Alain Le Diberder et Philippe Chantepie.

**Sociologie du journalisme**, n° 313, Erik Neveu.

**Télévision (La)**, n° 405, Régine Chaniac et Jean-Pierre Jézéquel.

**Tests d'intelligence (Les)**, n° 229, Michel Huteau et Jacques Lautrey.

## Classiques

*R E P È R E S*

**La formation du couple.** *Textes essentiels pour la sociologie de la famille*, Michel Bozon et François Héran.

**Invitation à la sociologie**, Peter L. Berger.

**Un sociologue à l'usine.** *Textes essentiels pour la sociologie du travail*, Donald Roy.

## Dictionnaires

*R E P È R E S*

**Dictionnaire de gestion**, Élie Cohen.

**Dictionnaire d'analyse économique**, *microéconomie, macroéconomie, théorie des jeux, etc.*, Bernard Guerrien.

## Guides

*R E P È R E S*

**L'art de la thèse.** *Comment préparer et rédiger un mémoire de master, une thèse de doctorat ou tout autre travail universitaire à l'ère du Net*, Michel Beaud.

**Comment se fait l'histoire.** *Pratiques et enjeux*, François Cadiou, Clarisse Coulomb, Anne Lemonde et Yves Santamaria.

**La comparaison dans les sciences sociales.** *Pratiques et méthodes*, Cécile Vigour.

**Les ficelles du métier.** *Comment conduire sa recherche en sciences sociales*, Howard S. Becker.

**Guide de l'enquête de terrain**, Stéphane Beaud et Florence Weber.

**Guide des méthodes de l'archéologie**, Jean-Paul Demoule, François Giligny, Anne Lehoërff et Alain Schnapp.

**Guide du stage en entreprise**, Michel Villette.

**Manuel de journalisme.** *Écrire pour le journal*, Yves Agnès.

**Voir, comprendre, analyser les images**, Laurent Gervereau.

## Manuels

*R E P È R E S*

**Analyse macroéconomique 1.**

**Analyse macroéconomique 2.**
17 auteurs sous la direction de Jean-Olivier Hairault.

**Comprendre le monde.** *Une introduction à l'analyse des systèmes-monde*, Immanuel Wallerstein.

**Déchiffrer l'économie**, Denis Clerc.

**L'explosion de la communication.** *Introduction aux théories et aux pratiques de la communication*, Philippe Breton et Serge Proulx.

**Une histoire de la comptabilité nationale**, André Vanoli.

**Histoire de la psychologie en France. XIX<sup></sup>**

**La mondialisation de l'économie.** *Genèse et problèmes*, Jacques Adda.

Composition Facompo, Lisieux (Calvados).
Achevé d'imprimer sur les presses de
La Nouvelle Imprimerie Laballery à Clamecy (Nièvre).
Dépôt légal du 1er tirage : juin 2007
*Suite du 1er tirage (08)* : novembre 2022
N° de dossier : 210400

*Imprimé en France*